Affektökologie

Marie-Luise Angerer ist Professorin für Medientheorie/ Medienwissenschaft an der Universität Potsdam. Ihr Forschungsschwerpunkt ist die Verbindung von Affektforschung und Medientechnologien sowie die Reformulierung von Sexualität und Begehren durch neurowissenschaftlich-medientechnische Parameter. Ihre jüngsten Publikationen umfassen *Vom Begehren nach dem Affekt* (2007), das 2014 mit einem neuen Kapitel unter dem Titel *Desire After Affect* in englischer Übersetzung erschien; *Choreographie – Medien – Gender* (mit Yvonne Hardt und Anna-Carolin Weber, 2013), *Timing of Affect: Epistemologies, Aesthetics, Politics* (mit Bernd Bösel and Michaela Ott, 2014).

Affektökologie: Intensive Milieus und zufällige Begegnungen

Marie-Luise Angerer

meson press

Dieser Essay ist eine erweiterte Fassung der Antrittsvorlesung von Marie-Luise Angerer auf den Lehrstuhl Medienwissenschaft/Medientheorie an der philosophischen Fakultät der Universität Potsdam vom 11. Mai 2016.

Bibliographische Information der Deutschen Nationalbibliothek
Die Deutsche Nationalbibliothek verzeichnet diese Veröffentlichung in der Deutschen Nationalbibliographie; detaillierte bibliographische Informationen sind im Internet unter http://dnb.d-nb.de abrufbar.

Veröffentlicht 2017 von meson press, Lüneburg
www.meson.press

ISBN (Print): 978-3-95796-090-0
ISBN (PDF): 978-3-95796-091-7
ISBN (EPUB): 978-3-95796-092-4
DOI: 10.14619/019

Designkonzept: Torsten Köchlin, Silke Krieg
Umschlaggrafik: Lukas Marxt, *Reign of Silence* (2013), Filmstill
Korrektorat: Naomie Gramlich

Die Printausgabe dieses Buchs wird gedruckt von Books on Demand, Norderstedt.

Die digitale Ausgabe dieses Buchs kann unter www.meson.press kostenlos heruntergeladen werden.

Inhalt

Vorwort

Felicity Colman

Eine Frau baut am Gezeitensaum eines Strandes eine Sandburg. Die Flut dringt nach und nach landeinwärts, zunächst schlagen Wellen sanft gegen das mit einem Graben umgebene Gebilde; ein schaumiger Kuss und lange, dünne Strähnen aus angespültem Seetang verfangen sich an seinen Ecken. Am Horizont zieht ein Sturm herauf, der den Himmel mit grünen, violetten und schwarzen Schattierungen überzieht, der Wind treibt die dunkelgrüne Dünung vor sich her. Eine hohe Welle erfasst die Burg, sie zerstört Mauern und Räume, löst die Form auf. Die Frau verlässt den Strand gerade in dem Moment, da dicke Regentropfen auf den geglätteten Sand zu fallen beginnen und die letzten Spuren des Bauwerks tilgen. Die Wellen werden größer und schwemmen allerlei an; dunkelgrüne Schraubenpalmwedel, tote blassblaue Quallen, orangefarbene Rettungswesten, aus denen alle Luft entwichen ist.

Die Frage des Affekts kommt im alltäglichen Bereich der Gewohnheiten und des Überlebens, dem Bereich physischer und existenzieller Existenz auf. Wie die Situation oder die Bedingungen im Leben auch beschaffen sein mögen, verschiedene Systeme (Organismen, Körper, Technologien, Territorien und alles, was sich in diesen befindet) sind, wie sich durch Beobachtung erwiesen hat, zugleich reaktiv und generativ, beeinflussbar und machtvoll, kolonisierbar und subversiv; das heißt, alle Systeme sind ebenso Affekten ausgesetzt wie sie affektiv wirken, positive und negative Affekte innerhalb und im Sinne eines Systems hervorbringen können. Diese Aussage ist überprüfbar, über welches Maß an Empfindungsvermögen oder Empfindlichkeit auch immer die reaktiven Bereiche oder Körper eines Systems gebieten. *Die Frau baut etwas, ein anderer Körper zerstört es wieder. Regen setzt ein und ontisch formative Bedingungen verändern die Topologie. Die Lichtbrechung verändert die Wahrnehmung dieses Etwas.* Dieses spinozistische Prinzip der Einsicht, dass jeder Körper positiv wie negativ affiziert zu werden vermag, bildet einen der zentralen Grundsätze einer jeden Affektökologie. Doch wenn der Affekt mehr sein soll als ein Gradmesser für Veränderung, ein Barometer der Zustandsveränderungen in einem System (in einem Organismus, einem Feld, einem Ding usf.), wie lässt sich dann der Affekt selbst beschreiben? Wie lassen sich die Veränderungen, die Affektbegriffe auszudrücken suchen, erfassen oder messen? Und auf welche Weise lässt sich Affekt als durch ein System situiert bzw. als etwas verstehen, das ein System erzeugt? Diese Fragen sind schon seit langem Gegenstand für Marie-Luise Angerers weitreichende Forschungen und für ihre Analyse des Affektbegriffs.

Die Frage danach, was der Affekt eigentlich sei, stellt sich auf begrifflicher Ebene über eine ganze Reihe von Wissensgebieten in natur- und geisteswissenschaftlichen Disziplinen hinweg. Begegnungen lassen Affekte entstehen. Begegnungen zwischen Organismen und diesen externen Dingen oder Dinggruppen erschaffen des Weiteren Affekte, die das Einzelne und das Vielfältige involvieren können; was zu Veränderungen in Situationen oder Gegebenheiten führt, neue Körper entstehen lässt, die ihren Eigenschaften und ihrer Verfasstheit nach andere sind. Neue Körper erzeugen andere Affekte und so weiter. Über die disziplinären Felder hinweg, in denen der Affekt gedacht wird, haben sich diese Fragestellungen auf verschiedene Weise formiert. Sie haben spezifische Affektdiskurse ausgebildet, sich ontologisch und erkenntnistheoretisch gruppiert, setzen linguistisch, materialistisch, phänomenologisch, neurologisch an, sind gelebte Artikulationen eines Phänomens, das gemeinhin als Affekt – oder als affektives Feld gefasst wird. Allgemein verstanden drückt sich der Affekt entweder als ontologische Wesenheit oder als erkenntnistheoretisches Kriterium aus – oder als beides. Vorrangig ist hier die Frage, was geschieht, oder was produziert wird, wenn es zur Begegnung mit anderen Körpern kommt, und je nach Schwerpunkt des Fachgebiets kann das je spezifischen Interessen folgen, von der Betrachtung des politischen Körpers, von philosophischen und physiologischen Standpunkten, von der Informatik und den Medienaffekten, vom Begriff der affektiven Plastizität des Gehirns und der posthumanen Körperethik, der Adressierung affektiver Pädagogiken und Genealogien bis hin zu postphänomenologischen Kulturauffassungen und der Berücksichtigung materialer Affekte.

Angerer verortet den Affekt innerhalb und außerhalb solcher dynamischer Felder, und kann damit ausführlich nachzeichnen, wie die Reichweite des Affekts in die Bereiche der Körper, Technologien, Wünsche und Materialien gebracht wird. Sie bietet uns zunächst einen Überblick über orthodoxe Argumentationslinien im Zusammenhang der Affekttheorien, hieraus jedoch entwickelt sie ihre eigene Position aus der kritischen Untersuchung, wie die Modalität antagonistischen Begehrens im Sinne intensiver Affektivität motiviert sein kann, was zu je anderen Konsequenzen für den Bereich des Politischen und dessen affektive Systeme mit sich bringt. Diese modale Motivation, wie wir sie in jedem Teilbereich vorfinden, mag infrastrukturellen Elementen entspringen, oder sie kann dann entstehen, wenn unterschiedliche (biologische, technologische oder soziale) Systeme miteinander gekoppelt werden, um so zu neuen Denkmodellen zu gelangen. In einer Argumentationslinie mit Ernesto Laclau, Oliver Marchart, Brian Massumi und anderen führt Angerer ihre LeserInnen behutsam durch die Nuancen, die kennzeichnend für Marcharts Forderung nach einer *Affektologie*, einer Affektlehre sind, nach der Herausbildung eines Modells also, das der kritischen Analyse einer Ökologie der Affekte einen Rahmen bieten könnte. Angerers Arbeit liefert hier als erstes eine systematische Einschätzung der Bestandteile dessen, was eine Affektlehre zu nennen wäre, und dies gelingt ihr, indem sie diese detailliert mit der Entfaltung eines Modells der Intensität schildert, das von einem Affektbegriff situiert wird, der als Ort und als Möglichkeitsbedingung eines politisch bestimmten Begehrens zu verstehen ist.

In unserer Arbeit in kritischen Bereichen der Wissenschaften, Künste, Philosophie, Technologie und Informationsproduktion wird dem Begehren eine eigene ontologische Situation gegeben; es ist ein Denken des Feldes der *Affektologie*. Dabei handelt es sich um das Gefüge jener Diskurse, die die politischen Gegebenheiten einer Zeit artikulieren; die Launen der Herrschenden und Despoten, die Erniedrigung ihrer Untertanen, die Machtmissbräuche, die eine Gruppe leidenschaftlicher Menschen gegen eine andere ausübt, der Hunger einer bestimmten Art, die zellulare Neuanlage der Konsumtion einer viralen Gruppe durch eine andere. Mit dem Begehren verleihen wir einem Feld Ausdruck. Das Begehren hat womöglich keinen Namen, keine Form; es mag unter der Banalität des Alltags brodeln, oder sich in Verkleidungen seiner Umwandlung des Gewohnten zu etwas anderem gefallen. Das Begehren strahlt eine Macht ab, die möglicherweise Nähe, Denkvermögen, Einbildungskraft, bestimmte Werkzeuge oder Ökonomien braucht, um zu Überschneidungen, Zusammenschlüssen oder Entkopplungen zu kommen. Führt es zu einem Zusammenschluss, so ist dieses parasitär; ein efeuartiger Würgegriff oder stützendes Rahmenwerk, das auch dann weiterlebt, wenn sein Wirt längst vergangen ist; eine Macht, die in ihrer Neuformung und Ent-Formung baut und zerstört. Begehren ist, was Leben, unbedeutendere Suchen nach einem Werden motiviert; Lebewesen in der Welt sein, was auf kollektiver Ebene den Gebrauch von Umgebungen beeinflusst, um sich dem Begehren anzuschließen, ihm nachzugehen.

Wie Angerers Essay zeigt, wird mit dem Modell einer Affektökologie das erkenntnistheoretische Feld des Begehrens sichtbar gemacht. Wir erfahren schließlich, was wir bereits erspürt oder erfahren hatten. Die vom 20. Jahrhundert produzierte technologische Macht hat die modalen Verfahrensweise menschlicher Gesellschaften und damit auch ihrer Umgebungen neu bestimmt. Das Feld des Affekts strebt nach Artikulierung eines Ereignisses und ist dieses Ereignis dennoch nicht. Die Definition des Affektbegriffs entzieht sich so weit als möglich einer wissenschaftlich-analytischen Verortung von Materie und deren Herausbildung zu einem modellierten Affekt durch irgendein spezifisches Zeitsystem.

Die industrielle Produktion sämtlicher Lebensaspekte, wie sie im kapitalistischen Modell Umsetzung findet, ist Erzeugerin unzähliger affektiver Zustände – entropischer, antagonistischer, maschinischer. Das Modell ist etwas, das wir gebrauchen, um damit einen modalen Gedanken oder eine Handlung zu artikulieren. Es bildet sich ein Modell heraus, als kollektive, intuitiv erspürte oder festgelegte Antwort auf einen neuen Körper oder ein neues Ereignis. Bestimmt oder ausgedrückt auf eine Weise, die es von dem als anders abhebt, was vorher gegeben war, wird dieses Gespürte, oft auf zu greifende Art, als Reaktion auf Ereignisse, Handlungen, Ideen benannt. Um ein Modell ausfindig zu machen, das diese Differenz als ein Begreifen ausdrückt, bedarf es des Ergreifens von etwas, einer Sinnbehauptung. Diese Kolonisierung von Differenz kann positive wie negative Auswirkungen haben. Die Artikulation eines neuen Modells beschränkt sich nicht auf die kognitive Wahrnehmung von irgendetwas, es lässt sich von einem intuitiven Gefühl oder von etwas bilden, das an verschiedener Stelle als vor-perzeptuell beschrieben worden ist. In der Philosophie wird Modellbildung als etwas Prozedurales gefasst, in den Kulturwissenschaften als etwas

 Ideologisches; in einer Affektökologie kann es als etwas Kontingentes und Intensives verstanden werden.

Was Affekttheorien, wie Angerer hier untersucht, beschreiben, sind die Modalitäten der herrschenden Mächte. Macht als Begehren, als Politik, und das, was wir dann im Sinne ihrer eigenen Affektologien doch ausdrücken. Die verschiedenen modalen Wiederholungen des Affekts haben je eigene Felder der Affektologie ausgeformt – in der Philosophie, der Psychologie, der Genderforschung oder den Medienwissenschaften. Insgesamt gesehen verortet Angerer sie als im Rahmen einer Affektökologie identifizierbare Modelle. Wie diese Arbeit erneut aufzeigt, sind die Modalitäten, die Ausdrucksformen verschiedener Bezugsfelder ermöglichen, das, was die Umstände definiert und mit Aufmerksamkeit für die Umstände versorgt, die deren ontisch-epistemische Bedingungen berühren. Diese Bedingungen bestehen, so wie Angerer sie beschreibt, aus drei Operationsweisen des Affektiven – als konnektive, disruptive und translative Operationen; als die zeitlich versperrte Eigendynamik einer Beziehung, als Leerstelle, klaffende Lücke, in die hinein und aus der heraus Affekt entsteht.

Was geschieht mit dem Begehren nach dem Affekt? Das ist die Überlebensfrage, die Angerer zu einem früheren Zeitpunkt bei der Entwicklung dieses Modells stellt, indem sie das Begehren, das durch wettbewerbliches Können entsteht, als einen motivierenden, affekterzeugenden Wettstreit der Begehren neu formuliert, der sich tatsächlich als ein „Begehren nach Affektlosigkeit" (2014, 130) bezeichnen lässt. Die Verortung des konditionalen Status der Affektlosigkeit an jener Stelle, in jenem Zwischenraum, den humanistische Theorien und Theologien verschiedentlich als „Gott", „Natur" bezeichnet haben, der Zwischenraum, die Schwelle, das Jenseits oder eine ungreifbare Situation, zum Beispiel durch zeitliche Markierung messbar zu sein, die schwer zu fassende „halbe Sekunde", lässt die Modalität des Einnehmens eines affektiven Zustands situieren. Die zeitliche

Situation des Affekts lässt sich mithilfe dieses modalen Rahmenwerks ausdrücken; als materiell (dessen Seinsbedingungen, ein Mangel an Präsenz, an Intensität, Temperatur oder Geschwindigkeit des Regens etwa); vielleicht als logisch (die größere Festigkeit, die manche Materialen anderen gegenüber unter bestimmten Bedingungen auszeichnet); vielleicht auch als semantisch (der „symbolische" Aspekt affektiv vorgetragener Sprache mit der Absicht der Territorialisierung einer politischen Position).

Dies alles sind Affekte, die nicht aus eigener freier Willensentscheidung kommen, und, wie Angerers Versuch, die verschiedenartigen Positionen zu begreifen, deutlich macht, handelt es sich bei der Affizierung nicht um eine vorhersagbare Situation. Es ist kein Intentionalitätszustand. In diesem Sinne muss eine Modalität der Kontingenz bei jedweder modal verfasster, modellförmiger Darstellung einer Affektökologie mitberücksichtigt werden. Üblicherweise benennt man Modelle, nachdem man den Finger auf eine Konstellation bestimmter Ereignisse und Ideen legen kann, durch die wir diesem Gefühl Ausdruck verleihen zu können meinen. Nehmen wir also den Affekt als Modell, dann sind die Modalitäten des Denkens, wie Angerer in diesem Text darlegt, grenzenlos; Angerer weist allerdings darauf hin, wie das Affektmodell in Wirklichkeit durch die von einem Modell angewendeten Intensitätsmodi definiert wird, aber auch durch bestimmte Formen von Technologie – als Plattformen, als Apparat, als physische, chemische, biologische, einbildungstechnische, spekulative, logische Werkzeuge – die die Ausdrucksfähigkeit jenes Modells ermöglichen. Dies ist das *Was* der Konditionalität (wie Gilbert Simondon sie beschreibt), und das *Es gibt* (das Althusser herausarbeitet); das *Präsens* (das Angerer identifiziert), in Modalitäten des Materiellen, der Machbarkeit, der Logizität und so fort, durch welche sich die Elemente erkennen lassen, aus welchen sich eine gegebene Affektökologie zusammensetzt.[1]

1 Hans Poser spricht von einem Spektrum modaler Positionen (vgl. Poser 2013).

Der Affekt gehört jenem Modalitätenspektrum an, das als Ausdruck für Bedingungen der Veränderung in der Welt und im Weltenbewusstsein benutzt wird. Dieser kann, wie Angerer es beschreibt, etwas sein, das auf unorthodoxe Weise eingesetzt wird; als Adjektiv etwa, durch das Wandel, Bewegungen oder Wahrnehmungen bemerkbar werden, oder als etwas, das als Nomen angewandt wird, um einen völlig neuen Bereich des Denkens zu eröffnen. Die Rolle des Affekts besteht darin, auf diese Weise an der Benennung der Bedingungen einer politischen Gemeinschaft mitzuwirken und deren Handlungen zu den Bedingungen jener politischen Bereiche zu artikulieren, die dadurch ermöglicht werden.

Übersetzt von Clemens Krümmel

Referenzen

Angerer, Marie-Luise. (2007) 2014. *Desire after Affect.* London: Rowman & Littlefield International.

Poser, Hans 2013 "Technology and Modality." In *Printed Physics: Metalithikum 1*, herausgegeben von Vera Bühlmann und Ludgar Hovestadt, 71–112. Wien: Ambra.

Zeichen des Gegenwärtigen

So, wie wir denken, leben wir.

– Alfred N. Whitehead

Tom McCarthy hat bei der Recherche für seinen Roman *Satin Island* ([2015] 2016) schamlos in aktueller Theorie gewildert, wie er schreibt, um seinen Protagonisten U., einen Ethnographen des Gegenwärtigen, kreieren zu können. Dieser U. soll im Auftrag eines global agierenden Unternehmens eine Art Mega-Report schreiben, was hier und jetzt vor sich geht, was sich gerade im Augenblick zu verändern beginnt, um diesen Wandel im Moment seines Stattfindens in den Griff zu bekommen. Oder etwas anders ausgedrückt: das Leben im Rhythmus seiner Lebendigkeit zu (er)zählen.

U. beginnt, sich zu beobachten, die Menschen um ihn herum, an Flughäfen, in Straßen, sein Büro, seinen Schreibtisch, dessen akkurate Ordnung, und wartet darauf, dass er endlich mit dem Schreiben beginnt – um plötzlich festzustellen, oder zumindest glaubt er, feststellen zu können, dass dies alles ein großer Plan ist, ein Reißbrett, eine große Struktur, vergleichbar dem, was Claude Lévi-Strauss bei seiner indigenen Gesellschaft entdeckt hatte. Ganz Wissenschaftler seiner Zeit malt U. sich aus, wie er bei einem seiner nächsten Auftritte vor einem großen Auditorium seine neue Idee präsentieren werden würde:

> Dann wäre der Große Bericht nicht etwas, das entweder fertig oder unfertig und von der Vergangenheit bestimmt wäre: Nein, er wäre ganz *jetzt*. Präsens-Anthropologie; Anthropologie als Lebensform. Das war's: Präsens-Anthropologie™; eine Anthropologie, die in der Gegenwart baden würde, und in *Jetztheit* – darin baden würde wie in einer tiefen, sprudelnden und nymphengesättigten Quelle. (McCarthy 2016, 95–96)

Im vorliegenden Text wird ebenfalls der Versuch einer derartigen *present tense* unternommen, allerdings nicht mit Fokus auf die Figur des Anthropos, sondern mit einer Verschiebung seiner hegemonialen Perspektive. Denn der große Plan, den U. zu sehen glaubt, wird nicht von Menschen (allein) gewoben, sondern von *Menschen & anderen* (vgl. Angerer und Harasser 2011).

Gilles Deleuze hat in seiner Schrift zu Michel Foucault zwanzig Jahre nach dem Erscheinen von dessen *Ordnung der Dinge* ([1966] 1971) auf einen möglichen Irrtum darin aufmerksam gemacht. Foucault habe nämlich das Verschwinden des (modernen) Menschen, seine neue Formation sowie die Entwicklung neuer Kräfteverhältnisse an die Sprache geknüpft und gemeint, dass das große Spiel der Sprache wiedergefunden werden könne, in der Literatur – die sich vom Menschen befreit haben und sich mit neuen Kräften eines Außen (des Menschen) verbinden würde (vgl. Deleuze 1987, 188). Doch wie Deleuze weiter betont, sprach Foucault weder der Arbeit noch dem Leben – die neben der Sprache seine Untersuchungsfelder waren – diese Kraft zu, sondern überantwortete sie eben ausschließlich der Sprache und vor allem ihrer Literatur (abgekoppelt von der Linguistik). Gegen ihre Nivellierung zum Objekt, welche sich im 19. Jahrhundert im Studium der Sprache(n) abzuzeichnen beginnt, bildet die Sprache, wie Foucault schrieb, eine Gegentendenz heraus, die in ihrer Sammlung, in ihrer Zusammenfassung bestehe, um jenseits dessen, was sie bezeichnet und bedeutet, jenseits auch der Laute selbst, ein Sein der Sprache geltend zu machen. Foucault sah jedoch nicht, wie Deleuze hervorhebt, dass die Biologie und die Arbeit sich ebenfalls abkoppeln mussten, um als geschlossene, neue Zusammenfassungen im genetischen Code (der Molekularbiologie) und in den kybernetischen und informationellen Maschinen (Arbeit der dritten Art) eine neue Existenz zugesprochen zu bekommen (vgl. 187). Deleuze selbst nimmt die Zeichen der Zeit – den Aufschwung der Biologie, genauer der Molekularbiologie sowie den Anbruch der Cyber-Epoche – wahr; ob er den Stellenwert dieser neuen Praxen tatsächlich einzuschätzen weiß, muss, wie Paul Rabinow in seiner *Anthropologie der Vernunft* ([1996] 2004) anmerkt, dahingestellt bleiben. Denn heute müsse man, wie dieser nun betont, vielmehr von einer Brechung der Sprache, des Lebens und der Arbeit ausgehen und sich daher der Frage des Anthropos, des Humanen, (wieder) stellen (vgl. 34–36).

Wir sind, wie Rabinow weiter schreibt, Zeitzeugen einer Reformulierung dieses Humanen (vgl. 34): diese wird das Verhältnis von Sprache (Repräsentation und Medium) und Welt (Materie und Technik) neu bestimmen. In das Verhältnis von Sprache und Welt haben sich seit Mitte des vorigen Jahrhunderts unübersehbare Verschiebungen eingetragen, die die Sprache und die materielle und inzwischen umfassend technifizierte Welt einschneidend zu verändern begonnen haben.

Zum einen lässt sich die Sprache als primäres Alleinstellungs- und Abgrenzungskriterium nicht mehr unangefochten aufrechterhalten. Sprache in ihrer performativen Dimension als ein Tun, ein Handeln sieht sich mit anderen Handlungsträgern und -strategien konfrontiert, was sich spätestens mit Bruno Latours Netzwerken und Akteuren gezeigt hat (vgl. 2007). Martin Heideggers Denken des Humanen nicht als eines zivilisierten Tiers, sondern als eines Wesens in und durch die Sprache wird im Gang dieser Entwicklung zutiefst getroffen (vgl. 2000). Ebenso Jacques Derridas Insistieren auf das Wiederholen und die Wiederholbarkeit der Sprache als ein Moment der Nicht-Identität, wodurch er in seiner Auseinandersetzung mit John Searle noch einmal die Nachträglichkeit des sprechenden Subjekts als immer schon von der Sprache gesprochenes in Anschlag zu bringen suchte (vgl. 1999). Wenn diese Fassung des Humanen in ihrem Innersten porös zu werden droht, wenn neue Bestimmungen eine andere Sicht auf die Dinge des Lebens, auf das Leben als solches favorisieren, wenn die Sprache als symbolische Ordnung implodiert, dann muss sich die Frage nach dem Humanen nicht notwendigerweise nicht, jedoch auf alle Fälle anders stellen.

Zum anderen entspricht dieser Ausfransung der Sprache ein Aus-, Über- und Ineinanderlaufen von Natur und Technik. Zahlreiche Neologismen – *NatureCulture* (Donna Haraway), *MediaNature* (Marie-Luise Angerer), *Medianatures* (Jussi Parikka), *entangled ontology* (Karen Barad) – betonen das sich verändernde Verhältnis der beiden Bereiche, dessen Auswirkungen und Implikationen sich auch in Auseinandersetzungen über neue Wissens-Formationen längst zeigen.

Dies alles hat in den letzten Jahrzehnten vermehrt zur Aufforderungen geführt, unser In-der-Welt-Sein anders zu erzählen, denn, um es mit Isabelle Stengers auszudrücken: „These other narratives are needed because the great NBIC convergence – the convergence between Nanotechnology, Biotechnology, Information Technology and Cognitive Science … is not about understanding but about transforming“ (2011, 371). Wie also diese Transformationsprozesse im Hier und Jetzt erzählen? Wie also das in den Blick rücken, was oftmals hilflos und äußerst undifferenziert als „posthumane Epoche“ bezeichnet wird? McCarthy lässt seinen Ethnographen hierfür den Begriff des Gegenwärtigen stark machen, den er sich von Rabinow entliehen hat. Dieser benennt dort radikale Veränderungen, die die Definition des Humanen porös haben werden lassen. Biotechnologien werfen schon längst tiefe Schatten voraus, die andeuten, wie dramatisch sich das zu ändern begonnen hat, was über einen langen Zeitraum hinweg als selbstverständlich angenommen worden ist: Natur und Kultur, *non-human* und *human*. Bernhard Waldenfels' entfesselte „Technik als Quasi-Natur" (2002, 364) muss dergestalt ernst genommen werden, dass die nach wie vor von Jürgen Habermas aufrecht erhaltene Distinktion zwischen einer humanen Natur und der anderen, exterioren, tatsächlich als überholt angesehen werden kann (vgl. 2001, 40). In seiner Kritik an Habermas formuliert Rabinow deshalb deutlich, dass eine der zentralen Aufgaben heute wohl darin bestehe, eine Lebensweise oder Lebensweisen zu (er-)finden, „that does not make a sharp and brutal separation between what used to be called nature and culture" (2009, 25).

Komplexe Relationen

Techno-Sensation

Intensive Milieus

Plastizität

Affektives Nichtbewusstsein

Bio-Mediale Schwelle

Posthuman Intra-Actions

Co-Shaping

Co-Habitation

Micro-Ontologies

Entangled Ontologies

Worlding

Mattering

Wondering

Diese Begriffe, und es könnten hier noch weitere angeführt werden, sind in den letzten Jahren insbesondere in der Medienwissenschaft und ihren benachbarten Disziplinen aufgetaucht, um die sich abzeichnenden Veränderungen auf Mikro- und Makroebene im Bereich des Lebens, des Sozialen, des Politischen, des Psychischen, des Organischen und vor allem der Medientechnik selbst zu fassen. Das ist nicht neu und ein in den Wissenschaften durchaus vertrautes Phänomen, dass es zu Umbrüchen und Neueinschätzungen kommt, dass Neuentdeckungen notwendigerweise zu neuen Begrifflichkeiten und damit neuen Perspektivierungen führen und Begriffe sich oftmals auch als Metaphern in viele Disziplinen einbürgern. Die *turns* der letzten Jahrzehnte – vom *performative turn* über den *material* oder *design turn* bis zum *pictorial turn* – geben ein beredtes Bild davon. Doch die Rede von den *turns* verschleiert vielfach mehr, als dass sie anzeigen würde, was tatsächlich auf dem Spiel steht.

Bewegt man sich selbst innerhalb dieser Wissen produzierenden Umgebungen – wie es Universitäten sind –, dann ist man gezwungen (und eine Antrittsvorlesung[1] bietet hierzu die Chance), seine eigene Entwicklung und deren Phasen zu überprüfen, die eigenen Texte und Themen selbstkritisch zu beurteilen und einzuordnen, zu sehen, wie sehr man Produkt seiner Zeit, Effekt eines Wissensapparates ist, der vorgibt oder besser, in dem vorgegeben wird, was heute wie zu denken ist. Ein bestimmter Jargon, auch wenn man keine Anhängerin von diesem oder jenem *turn* ist, kann nicht gänzlich vermieden werden, sondern verweist im Gegenteil auf Übersicht und Einblick in die gegenwärtigen Diskussionen in Geistes-, Kultur- und Medienwissenschaften auf der Höhe ihrer Zeit.

1 Meine erste Antrittsvorlesung hielt ich im Jahr 2001 an der Kunsthochschule für Medien Köln mit dem Titel *What to Do, How to Know, and Why to See* und verfolgte aus heutiger Sicht gesehen eine durchaus relationale, man könnte auch sagen intra-aktive Verfasstheit von Gender und Medien. Zum Begriff „intra-aktiv" siehe S. 41.

Dennoch lässt sich nicht verleugnen, dass sich dadurch die Kontinuität der eigenen Fragen verändert: Das persönliche Erkenntnisinteresse ändert sich, andere Schattierungen werden deutlich, Perspektiven wechseln. Doch eine Kontinuität bleibt, diejenige an der Arbeit am Begriff, eine Arbeit, in der die Frage nicht nur danach gestellt wird, was damit gemeint ist, sondern was mit diesen Begriffen getan wird, wie sie das Denken, das Denken unserer Zeit, konstitutiv bedingen – sowohl erweitern als auch limitieren, reduzieren und verdichten.

Heute kann, sehr verallgemeinernd, auf der einen Seite eine radikale Trennung von Subjekt und Objekt ausgemacht werden: Der Spekulative Realismus zeichnet sich dadurch aus, dass keine Korrelationen zwischen dem wahrnehmenden und erkennenden Subjekt und den Objekten seiner Umgebung, der Wirklichkeit, der Realität angenommen wird. Realität ist. Aber was und wie sie ist, bleibt von dem, was als Subjekt bezeichnet wird, unberührt, existiert unabhängig. Die Welt braucht diesen Menschen nicht, um zu existieren, wie Quentin Meillassoux, einer der Sprecher eines radikalen Anti-Korrelationismus, betont (vgl. Meillassoux, Dolphijn und van der Tuin 2012). Und auf der anderen Seite kann, ebenso verallgemeinernd, eine Ausweitung dessen festgestellt werden, was Leben heißt: wachsen, verändern, sich entwickeln, anpassen, empfinden, leiden tun heute (fast) alle: „Matter feels, converses, suffers, desires, yearns and remembers," (Barad, Dolphijn und van der Tuin 2012, 48) wie es Karen Barad ausgedrückt hat. Noch vor nicht allzu langer Zeit hätte man eine derartige Beschreibung als puren Anthropomorphismus abgetan, heute jedoch hat diese Sehweise als kritische Abkehr von einem anthropozentristischen Denken Konjunktur. Die Frage lautet daher: Was hat sich verändert, dass man heute selbstverständlich (wieder) sagen kann, unsere Umwelt „fühlt" und „empfindet"?

Hierzu bildet das Denken im Prozess, das Prozessuale des Denkens, eine erste Brücke. Heute wird angesichts der beschriebenen Veränderungen daher nicht nur ein Denken der Relationen gefordert, sondern vielmehr ein *Denken als Relation*, wie es von Alfred North Whitehead, Gilbert Simondon und anderen entwickelt worden ist (vgl. Whitehead 2001; Simondon 2012; Combes 2012). Daher ist es auch kein Zufall, dass heute jene Denk-Anstrengungen wiederentdeckt werden, die in der ersten Hälfte des 20. Jahrhunderts schon einmal eine relationale Epistemologie, eine relationale Ontologie und auch Kosmologie entwickelt haben. (Neben Whitehead und Simondon sind hier auch Ernst Cassirer und Jakob von Uexküll zu nennen). Nicht nur werden diese früheren Versuche heute teilweise sehr euphorisch auf aktuelle Entwicklungen übertragen und vor allem in medientechnologische Diskurse eingeführt, auch frühere und aktuelle anthropologische und ethnologische Befunde werden seit geraumer Zeit geradezu als Erfahrungs- und Erbauungsliteratur gelesen, um die Beziehung zwischen Mensch, Umwelt, Technik, Tier und Materialität anders zu denken.

Das Europäische Netzwerk *New Materialism: How Matter Comes to Matter,* dem ich seit 2014 als Vertreterin Deutschlands angehöre, ist hierfür ein gutes Beispiel. Diesem liegt die Annahme zugrunde, dass heutzutage „situatedness, relationality, and affinity" zu den basalen theoretischen und politischen Parametern zählen und die Entwicklung und Etablierung neuer Relationen zu unseren dringlichsten Aufgaben.[2] In diesem Sinne arbeiten die Mitglieder des europäischen Netzwerks daran, neue Kooperationen aufzubauen, um Fragen über disziplinäre und nationale Grenzen hinweg zu stellen. *New Materialism* wird in dieser Perspektive als ein Wieder-Lesen, als ein neuer Blick auf und eine neue Herangehensweise an die Dinge verstanden, die im 20. Jahrhundert oftmals ausschließlich unter dem Primat des Sprachlichen (Symbolischen) betrachtet worden sind.

2 Vgl. „COST – European Kooperation in Science and Technology: New Materialism; Networking European Scholarship on ‚How Matter Comes to Matter'," Zugriff 16.11.2016, http://newmaterialism.eu/.

Kraft der Materie

Andere Szene:

Im Jahr 1872 hält Emil Heinrich Du Bois-Reymond, Professor für Physiologie, Ständiger Sekretär der Preußischen Akademie und Rektor der Berliner Universität, auf der Versammlung deutscher Naturforscher und Ärzte am 14. August in Leipzig eine Rede, in der er erklärt, dass unserer Erkenntnis mindestens zwei Grenzen gesetzt sind, die nicht, die niemals zu überwinden sein werden:

> Gegenüber den Rätseln der Körperwelt ist der Naturforscher längst gewöhnt, mit männlicher Entsagung sein ‚Ignoramus' auszusprechen. Im Rückblick auf die durchlaufene siegreiche Bahn trägt ihn dabei das stille Bewußtsein, daß, wo er jetzt nicht weiß, er wenigstens unter Umständen wissen könnte, und dereinst vielleicht wissen wird. Gegenüber dem Rätsel aber, was Materie und Kraft seien, und wie sie zu denken vermögen, muß er ein für allemal zu dem viel schwerer abzugebenden Wahrspruch sich entschließen: ‚Ignorabimus'. (1912, 441–442)

Diese zwei Grenzen der menschlichen Erkenntnis waren in den Augen des Physiologen zum einen das Wesen der Materie und zum anderen die subjektiven Qualitäten des Empfindens und deren materielle Rückführung. Wie erkennen wir etwas, wer nimmt wahr, wer oder was empfindet, und wie und wo kommt diese Empfindung zustande? All dies Fragen, die uns heute wieder – in einem neuen Kontext – beschäftigen: vor dem Hintergrund eines *New Materialism* innerhalb der Medien- und Kulturwissenschaften (der die naturwissenschaftlichen und computertechnischen Entwicklungen des 20. Jahrhunderts, Quantenphysik und Kybernetik, kritisch aufgreift), vor dem Hintergrund einer radikalen Objektorientierung und rigorosen Kritik am Anthropozentrismus und einer gleichzeitig umfassenden Kybernetisierung des Sozialen, die dieses längst folgenreich zu re-organisieren begonnen hat. Stichworte hierfür: *social media*, *quantified self-movement*, *gamification*, *surveillance* und *wearable technologies*.

Treibende Kräfte dieser sozialpolitischen und theoretischen Bewegungen sind (Medien)technologien, die jedoch allzu häufig implizit und undifferenziert bedacht und deren grundlegende Bedeutung, eine umfassende Relationalität im Sinne ihrer Taktung von großen und kleinen Einheiten sowie inneren und äußeren Empfindungen voranzutreiben, nicht umfassend genug gesehen und oftmals einseitig theoretisch bearbeitet wird.

Materie und Kraft sind in diesem Kontext wieder – wie damals bei Du Bois-Reymond – die maßgeblichen Vektoren, die heute jedoch vor allem eine *medientheoretische* Herausforderung darstellen. Denn im Unterschied zum 19. Jahrhundert werden diese beiden Vektoren nicht länger mehr aus der Perspektive des Menschen, also aus der Perspektive einer anthropologischen Differenz aus betrachtet, sondern in der Perspektive von Synthese- und Organisationsprozessen, die als mediale begriffen werden, gefasst als Verhältnis von Medientechnologien, Umwelt und Körper, von Technologie und Kultur ganz allgemein (vgl. Vagt 2016,

20). In dieser Perspektive wird das, was Mensch, Natur und Technik genannt wird, nicht länger als prä-existent, sondern als aus diesen Verbindungen sich Hervorbringendes, sich Formendes, als Werdendes verstanden. Was also Realität ist, ist nicht nicht erkennbar im Sinne des Spekulativen Realismus, sie ist in allererster Linie zu einer Frage ihrer technologischen Verfasstheit in ihrer biologischen, physischen, affektiven und psychischen Dimension geworden.

Für George Dyson besteht deshalb auch der größte Mangel gegenwärtig in der imaginativen Beschränktheit unseres Gehirns, das nicht in der Lage ist zu begreifen, dass das digitale Universum längst physikalische Realität geworden ist und eben keine bloße Metapher bedeutet. Daher fordert er auch nicht nur eine biologische Re-Definition des Technologischen, wie dies Georges Canguilhelm in den 1940er Jahren bereits unternommen hat,[1] sondern verweist auf die Dringlichkeit eines kosmologischen Technologie-Welt-Verständnisses:

> People treat the digital universe as some sort of metaphor, just a cute word for all these products. The universe of Apple, the universe of Google, the universe of Facebook, that these collectively constitute the digital universe, and we can only see it in human terms and what does this do for us? ... We're missing a tremendous opportunity. We're asleep at the switch because it's not a metaphor. In 1945 we actually did create a new universe. This is a universe of numbers with a life of their own, that we only see in terms of what those numbers can do for us. ... If you cross the mirror in the other direction, there really is a universe of self-reproducing digital code. When I last checked, it

1 Als Canguilhem 1946–47 seine Vorlesung hielt, meinte er damals abschließend, es gäbe seit wenigen Jahren am MIT (Massachusetts Institute of Technology) unter dem Namen *bionics* Versuche, biologische Modelle und Strukturen zu erforschen, die in der Technologie als Modelle verwendet werden könnten (vgl. 2009, 231).

> was growing by five trillion bits per second. And that's not just a metaphor for something else. It actually is. It's a physical reality. (Dyson 2012)

In diese Realitätsauffassung schreiben sich auch jene Mediendiagnosen mit ein, die von Donna Haraway über N. Katherine Hayles bis zu Alexander Galloway und Eugene Thacker betonen, dass Medientechnologien inzwischen mehr als nur Prothesen sind (vgl. Haraway 1990; Hayles 1999; Galloway und Thacker 2007). Dies erklärt die aktuelle Tendenz, Technologie als Ontologie zu begreifen, als das, was jeder Setzung, ob politisch, sozial oder ökonomisch eben voraus-geht. Diese onto-technologische Vor-läufigkeit wird dabei gleichermaßen über gesellschaftliche und über psychische Prozesse gestülpt (vgl. Lash 2011).

Ich möchte gegen diese Re-Ontologisierung zwei Begriffe von Ernesto Laclau in die Diskussion einbringen, den eines konstituierenden Antagonismus sowie denjenigen der Dislokation: Mithilfe dieser beiden Begriffe lässt sich, so meine ich, das Verhältnis von *human* und *non-human* als intra-aktives Umschlag-Moment, als intra-aktive Kippbewegung begreifen, bei der Empfindung, Erfahrung und Wahrnehmung sich kreuzen, trennen, verbinden oder auch *nicht* begegnen.

Affizierung bildet hierbei das Scharnier, wodurch sich die Artikulation des Antagonismus zeigt und taktet. Es handelt sich um eine Taktung, die in das eingreift, was Leben im technischen und organischen Sinn heißt. Denn so wie Ende des 19. Jahrhunderts die Elektrifizierung metaphorisch auf Geist und Seele übergriff und Telegraphenverbindungen mit Nervenbahnen in eins gesetzt wurden, spielen Medientechnologien heute eine bedeutsame Rolle in der synthetischen Biologie – ihre „Lebendigkeit" wird als Modell für Rückkopplungs- oder Selbstregulierungsprozesse herangezogen. Vergleiche von Tieren, Maschinen und Menschen sind in der Geschichte nichts Neues, neu ist jedoch der Umstand, dass die Kriterien, mit deren Hilfe Maschinen und Werkzeuge eindeutig von lebenden Organismen unterschieden worden sind, heute derart instabil geworden sind, dass stattdessen von einer sich neu entwickelnden Liaison ausgegangen werden kann, die sich aus der Verbindung von Bio- und Informationstechnologien bildet. In dieser kommt der Affekt als Affizierungsprozess zur Wirkung – um sich über die technische Zeit mit der originären Verspätung des Lebens zu verzahnen.[2] Dabei kommt dem Affektiven die Funktion zu, das Leben in Zeit und die Technik als Zeit *in* Bewegung zu *verbinden*, zu *unterbrechen* und/oder zu *kippen*.

2 In Anspielung auf Jacques Derridas Begriff der *différance* (vgl. 1976).

Zeit *in* Bewegung

Andere Szene:

In den 1970er Jahren tauchte innerhalb der deutschsprachigen Medienwirkungsforschung erstmals der Name von Hertha Sturm auf, die in ihren empirischen Untersuchungen zur Medienrezeption eine „fehlende Halbsekunde“ entdeckte. Mit ihren Untersuchungen wollte Sturm zeigen, dass die Bildfolgen im Fernsehen zu schnell waren, die Audio- und Videospuren zu schwache Kongruenzen aufwiesen und der Text oder die gesprochene Sprache eine adäquate Verarbeitung der audiovisuellen Gesamtinformation zu wenig unterstützten. Die Konsequenz: Die getesteten Kinder konnten die Überfülle an Informationen nicht „richtig“ verarbeiten, sie waren in ihren Reaktionen zu langsam oder zu schnell. Sie reagierten auf traurige Bildsequenzen fröhlich und auf lustige Filme traurig. Gemessen wurden die jeweiligen Stimmungen über Pulsfrequenz und Schweißbildung. Es wurde also eine physikalische Erregungskurve ermittelt, die Stimmungsschwankungen anzeigte, genauer, aus deren Verlauf diese Stimmungen abgeleitet wurden – langsame Körpererregung bedeutete eine depressive Grundstimmung, eine hohe Frequenz entsprechend Hochstimmung. Grund für die ermittelten Miss-Stimmungen war, so Sturm, die „fehlende halbe Sekunde", also eine Zeitspanne, die zwischen Wahrnehmung (Signal, Reiz) und Reaktion verging, ohne dass man feststellen konnte, was in dieser „verlorenen Zeit" passierte.

Diese „verrutschte"[1] Reaktion wird allerdings Jahre später in Brian Massumis Versuch, den Affekt kulturtheoretisch zu reformulieren, auftauchen und für den *affective turn* innerhalb der Cultural Studies, Medien- und Kunsttheorien mitverantwortlich sein. Mit „the skin is faster than the word" umschrieb Massumi Mitte der 1990er Jahre den Affekt als eine Intensität, die einer anderen Ordnung angehört: „Intensity is embodied in purely autonomic reactions most directly manifested in the skin – at the surface of the body, at its interface with things" (1996, 219). Massumi referierte tatsächlich auf Sturms „fehlende Halbsekunde" (siehe Angerer 2011), doch im Unterschied zu dieser ist seine Zeitzone keine leere Spanne mehr, sondern eine übervolle – sie wird bei ihm zur Zone des Affekts, zum Moment von Virtualität, die Aktualität erst ermöglicht:

> [P]astnesses opening onto a future, but with no present to speak of. For the present is lost with the missing half-second, passing too quickly to be perceived, too quickly, actually, to have happened. (1996, 224)

Die fehlende halbe Sekunde ist nun zu einer Dauer geworden, in der sich zu viel ereignet – eine Dauer zwischen einem „noch-nicht" und einem „schon-immer-gewesen".

Diese originäre Verspätung oder fehlende Zeit hat jedoch eine lange Forschungstradition, die Jimena Canales in *A Tenth of a Second* (2009) beeindruckend zusammengetragen hat. Sie beschreibt dort, wie sich die Experimentalpsychologie, Astronomie, Physik und Messtechnik ab der 2. Hälfte des 19. Jahrhunderts gleichermaßen auf die Suche machten, und auch Sigmund Freud und Wilhelm Wundt

1 In Anspielung auf Jacques Lacans Bezeichnung des Affekts als „verrutschte Schiffsladung" (vgl. Angerer 2007, 71).

waren ihr auf der Spur. Das Interesse an der Messung der Zeitreaktion, der *personal equation* oder des *personal error*, der individuellen Zeitdauer, die die subjektive Qualität der Empfindungen ausmacht, von der Du Bois-Reymond auch gesprochen hatte als etwas, was sich materiell nicht bestimmen lässt, griff auch auf die sich entwickelnden Medien-Künste wie Chronofotografie und Kinematografie über, die im letzten Drittel des 19. Jahrhunderts mit Techniken der Aufzeichnung und Wiedergabe experimentierten.

All dies hatte mit Hermann von Helmholtz begonnen, der 1850 seine ersten Versuche an Fröschen unternahm, um die Zeit zu messen, die zwischen der Reizung des Froschschenkels und der Reaktion des Frosches verging.[2] Helmholtz entdeckte bei seinen Messungen jedoch nicht nur eine verschwundene Zeit, sondern er maß auch die Verzögerung von Energie: Auch die Energie eines Muskels entwickelte sich nicht im Augenblick der momentanen Reizung vollständig, „sondern grösstentheils erst nachdem diese schon aufgehört hat" (1850a, 283). Das heißt, zwischen Stimulation und Kontraktion gingen Zeit und Energie verloren – nicht viel, aber doch deutlich erkennbar. Die bis dahin angenommene Unmittelbarkeit erwies sich somit als „ein Intervall, als eine Spanne, ein gleichermaßen umschriebener wie leerer Zeitraum – eine ‚Zwischenzeit', eine *temps perdu*" (Schmidgen 2009, 93). Diese verlorene Zeit hat einen ihrer bedeutendsten Verfechter in Henri Bergson gefunden, der Intervall und Dauer zueinander in Beziehung setzte, um genau dieses Verhältnis Albert Einstein entgegen zu halten – als Verweis auf die Subjektivität der Zeit als Dauer, die einer objektiven Messung notwendigerweise entgehen muss (vgl. 1991). Und genau dort setzt die kybernetische Debatte in den 1940er Jahren ein: bei Bergsons Dauer. Norbert Wiener nämlich greift über den Reflexbegriff ein vitalistisch gefasstes Zeitmoment als Lücke zwischen Signal

2 „Ich habe gefunden, dass eine messbare Zeit vergeht, während sich der Reiz, welchen ein momentaner elektrischer Strom auf das Hüftgeflecht eines Frosches ausübt, bis zum Eintritt des Schenkelnervs in den Wadenmuskel fortpflanzt" (Helmholtz 1850b, 71).

 und Bewegung für die Maschine auf und führt hierfür den Begriff der Dauer ein, um diese sowohl für den Menschen als auch für die Maschine zu reklamieren:

> So lebt der moderne Automat in der gleichen Bergsonschen Zeit wie der lebende Organismus, und daher gibt es keinen Grund in Bergsons Betrachtungen, warum das wesentliche Funktionieren des lebendigen Organismus nicht das gleiche wie jenes des Automaten dieses Typs sein sollte. (1968, 68–69)

1951 wird dies von Max Bense wieder aufgegriffen, um gerade das Intervall der Zeit als Basis der Kommensurabilität von Maschine und Mensch zu behaupten – nur im Unterschied zum Menschen könnten die Computermaschinen jedoch jedes noch so kleinste Intervall (aus) nutzen. Das Intervall, das beim menschlichen Organismus sozusagen offen liegt, würden die kybernetischen Rechenmaschinen mit ihrer für Menschen nicht nachvollziehbaren Geschwindigkeit in der Aufgabenerfüllung ausfüllen (ein Gedanke, den heute u.a. Wolfgang Ernst und Mark B. N. Hansen mit je unterschiedlicher Schlussfolgerung wieder vertreten [vgl. Ernst 2014; Hansen 2014]): „Die kybernetischen Maschinen erschöpfen das kleinste Intervall. Eine Addition geschieht in einer fünfmillionstel Sekunde; in fünf Minuten können zehn Millionen Additionen oder Subtraktionen zehnstelliger Zahlen durchgeführt werden" (Bense 1998, 440). Diese mechanistische Operationsfähigkeit wird von Bense jedoch ebenfalls explizit mit Bergsons Dauer verbunden und von der Newtonschen Zeit als einer gleichmäßig verlaufenden abgegrenzt (vgl. Rieger 2003, 146). Doch was heißt es, wenn Maschinenzeit und humane Zeit sich annähern? Sich möglicherweise nur in der Geschwindigkeit ihrer jeweiligen Operationen noch unterscheiden lassen? Genau dies: Dass die Kybernetik die Dauer und ihre Subjektivität nicht im Sinne Bergsons verstanden hat, sondern als infinitesimale Operation, die das Intervall irgendwann ausgefüllt haben wird, bestimmt. Doch Deleuze war hier mit Rekurs auf Bergson klar: Der Affekt füllt das Intervall nie/nicht aus, das Intervall ist vielmehr genau jene Öffnung, die das Humane als letzte Differenz zur Maschine wird verteidigen müssen, anders gesagt, es markiert jene Kippbewegung, in der das Virtuelle sich als Positivität „zeigt" (siehe Bergson 2014; Deleuze 1989).

Empfindsamkeit der Materie

Andere Szene:

In *D'Alemberts Traum* ([1769] 2013) unterhalten sich Denis Diderot, D'Alembert und Mlle. L'Espinasse über die Frage, was denn der Unterschied zwischen einem Menschen, einem Tier, einer Marmorstatue und einem Klavier sein soll, wenn denn die Entwicklung von einem leblosen über ein empfindendes zu einem denkenden Wesen verläuft (vgl. 79).

Es ist kein Zufall, dass Diderot heute von zwei Perspektiven aus als bereichernd wieder gelesen wird und sich auf diese Weise in einem neuen Verbund wiederfindet: Zum einen in Bezug auf die aktuelle Frage nach der lebendigen oder biologischen Technologie, einem allgemeinen der technischen Natur übertragenen *sensing* (in direkter Ableitung eines monistischen Naturalismus), und zum anderen als jemand, der, wie Stengers bemerkt, den Physiker D'Alembert zwingt, die Praxis ernst zu nehmen, hinzuschauen, was, wo und wie passiert und keine Glaubenssätze, weder von der epistemologischen noch ontologischen Seite über alles zu stülpen. Vor allem auf das Wörtchen „nur" zu achten, darauf, was mit diesem eliminiert wird, wie Stengers betont: Dies ist ja „nur" Praxis oder dies ist ja „nur" Theorie oder dies ist ja

 „nur“ Aberglaube oder Magie oder Ritual oder … (vgl. 2011, 373).

Diderot spricht allem und jedem ein Empfindungsvermögen zu und unterscheidet nur graduell zwischen Menschen und anderen:

> Wir sind doch Instrumente mit Empfindungsvermögen und Gedächtnis. Unsere Sinne sind soundso viele Tasten, die von der uns umgebenden Natur angeschlagen werden und sich oft auch von selbst anschlagen. Das ist meines Erachtens alles, was in einem Klavier vorgeht, das so eingerichtet ist wie Sie und ich. Es findet ein Eindruck statt, der seine Ursache innerhalb oder außerhalb des Instruments hat, und es folgt eine Empfindung, die von diesem Eindruck herrührt. (2013, 87)

Empfindung wird somit von Diderot als eine grundlegende Eigenschaft betrachtet, als etwas, das kein Ich voraussetzt, welches vielmehr erst nachträglich hinzukommt. Das Ich ist bei Diderot eine Saite unter vielen, die in Resonanz mit- und gegeneinander schwingen. Das Leben als Resonanz, Schwingung und Melodie – das melodische Lebensprinzip von Uexküll wird hier vorweggenommen, der mit der Übertragung der musikalischen Begriffe von Melodie und Harmonie die planmäßige Leistung eines Organismus in der Umwelt beschrieben hat:

> An Stelle der Harmonie in der musikalischen Partitur tritt die Bedeutung in der Naturpartitur, die als Verbindungsglied oder besser gesagt als Brücke dient, um zwei Naturfaktoren miteinander zu vereinigen. Denn wie jede Brücke auf beiden Ufern des Flusses ihre Fußpunkte hat, die sie als Punkt und Kontrapunkt miteinander verbindet, so werden diese in der Musik durch die Harmonie, in der Natur durch die gleiche Bedeutung miteinander verknüpft. (Uexküll 1956, 144)

Uexkülls Kompositionslehre der Natur lässt sich aber auch mit Baruch de Spinozas Affektbegriff verbinden, was Gilles

Deleuze und Félix Guattari nicht unbedingt explizit, jedoch unmissverständlich klarmachen, indem sie Uexküll als Spinozisten einführen und die Figur des Ritornell als Verbindungsmoment vorstellen.

> Jedesmal wenn es eine Transcodierung gibt, können wir sicher sein, daß es sich nicht um eine schlichte Addition handelt, sondern um die Schaffung einer neuen Ebene, um so etwas wie einen Mehrwert. Eine rhythmische oder melodische Ebene, ein Mehrwert als Übergang oder Brücke – aber diese beiden Fälle kommen niemals in Reinform vor, in Wirklichkeit sind sie vermischt (genauso ist es beim Blatt, allerdings nicht mehr im Verhältnis zum Wasser im allgemeinen, sondern zum Regen ...). (1992, 428)

Zum Regen werde ich ganz am Ende dieses Essays zurückkehren. Bekanntlich hat Deleuze Spinoza als denjenigen bezeichnet, der den Philosophen den Körper zurückgegeben hat. Er hätte ihnen erklärt, wie dieser zu denken sei, nämlich als Natur: „eine einzige Natur für alle Körper, eine einzige Natur für alle Individuen, eine Natur, die selbst ein auf unendlich viele Weisen variierendes Individuum ist" (Deleuze 1988, 159). Doch Deleuze kommt auch hier alsbald auf die Musik und den Rhythmus zu sprechen, die diesen Immanenzplan bewegt, da dieser sich über Langsamkeit und Schnelligkeit, über Ruhe und Bewegung aufbaut:

> Das ist nicht nur Sache der Musik, sondern der Lebensweise: Durch Schnelligkeit und Langsamkeit läßt man sich zwischen die Dinge gleiten, verbindet sich mit anderen Dingen: man fängt niemals an, man macht niemals reinen Tisch, man schleicht sich ein, man tritt mitten hinein, man paßt sich dem Rhythmus an oder zwingt sich ihnen auf. (160)

Der Begriff der Resonanz erlebt heute eine erstaunliche Renaissance und wird oftmals wie ein Heilsversprechen eingesetzt, um Gesellschaft und Natur wieder miteinander zu versöhnen (siehe Rosa 2016; Altmeyer 2016).[1] Ein weiterer Zugriff auf die Resonanz erfolgt durch ein medientechnisches Interesse, das sich über Fragen zu Schwarmbildung, Risikovorhersage und Überwachungsstrategien artikuliert.

In diesem Zusammenhang kann auch auf den Begriff der Modulation verwiesen werden, wie ihn Gilles Deleuze in seinem *Postskriptum über die Kontrollgesellschaften* ([1990] 1993) eingeführt hat. Er definiert sie dort in zweifachem Sinn. Einmal in Richtung einer deterrorialisierenden Befreiung – das Reiten des Surfers auf der Welle – und zum anderen als lebenslange Selbstmodulierung, um den spätkapitalistischen Anforderungen an ein flexibles Arbeitssubjekt nachzukommen. Diese Modulation wird jedoch schon in den *Tausend Plateaus* ([1972] 1992) beschrieben. Dort benennen Deleuze und Guattari mit Verweis auf Gabriel Tarde und seine Konzeption der Monaden eine Kippbewegung zwischen quantifizierbaren Bewegungen (Strömungen) und Quali-Eigenschaften und bestimmen sie als eine Form der Nachahmung:[2]

> Überzeugungen und Begehren sind Grundlage jeder Gesellschaft, weil sie Strömungen sind, die als solche ‚quantifiziert' werden können, wahrhaftige gesellschaftliche Quantitäten, während Empfindungen qualitativ und Vorstellungen schlichte Resultanten sind. Die infinitesimale Nachahmung, die winzig kleinen Gegensätze und die geringsten Erfindungen sind so etwas wie Strömungsquanten, die eine Verbreitung, Binarisierung oder Vereinigung von Überzeugungen und Begehren anzeigen. (1992, 298–299)

Wenn es dieses Ich also nicht notwendigerweise benötigt, um zu empfinden, dann, und dies wird angesichts der vielen anderen „Ichs" – *cyborgs*, *para-humans*, *real humans*,

1 Martin Altmeyer spricht hier von einer angeborenen Sehnsucht nach Umweltresonanz, die sich im ständigen SMS-Checken, Twittern, Facebook-Surfen, etc. artikuliere (vgl. 2016, 17).

2 Zum aktuellen Interesse am Begriff der Nachahmung siehe Borch und Stäheli 2008.

operating systems – zunehmend zu einer dringlichen Frage, dann empfinden tatsächlich alle und alles?

Diese Frage berührt eine basale Schnittstelle zwischen Mensch, Tier und Maschine, von der Haraway in ihrem *Manifest für Cyborgs* ([1985] 1990) gemeint hatte, dass diese porös zu werden drohe – doch was bedeutet konkret porös werden? Möglicherweise lässt sich dies besser veranschaulichen, wenn wir diese poröse Verflechtung nicht länger mehr als Inter-aktion begreifen (Mensch-Maschine-Interaktion), sondern als *intra-action*. Barad, die diesen Begriff stark gemacht hat, betont damit eine radikale Nichtidentität von zwei Polen, das heißt, diese gelangen erst im Prozess einer *intra-action* zu ihren jeweiligen (temporär identitären) Positionen. *Intra-action* durchquert die übliche Vorstellung von Kausalität und stellt die Metaphysik einer individuell gefassten Entität radikal in Frage:

> The notion of intra-action is a key element … The neologism ‚intra-action' signifies the mutual constitution of entangled agencies. That is, in contrast to the usual ‚interaction', which assumes that there are separate individual agencies that precede their interaction, the notion of intra-action recognizes that distinct agencies do not precede, but rather emerge through, their intra-action. (Barad 2007, 33)

Diese radikal relationale Verfasstheit schließt das Wissen ebenso wie das Sein, die Sprache ebenso wie die Natur ein. Materie ist im Baradschen Ansatz eines agentiellen Realismus nicht vor Bedeutung fixiert, sie fixiert sich erst in und durch diskursiv-performative Grenzziehungen. Foucault weiterführend betont Barad, dass Bedeutung sich als materielle Praxis hervorbringe, daher weder als eine Frage der Sprache noch als die eines Subjekts, sondern als ständige Performativität zu verstehen sei, als „differential dance of intelligibility and unintelligibility" (149). Genauso wenig sei daher auch das Wissen in dieser Sehweise an ein Subjekt geknüpft; es müsse als „matter of differential responsiveness … to what matters" begriffen werden, kein

 Wissen „from above or outside or even seeing from a prosthetically enhanced human body. Knowing is a matter of intra-action." (149)

Die Parallelen zwischen einem umfassend begriffenen Empfindungsvermögen, wie es Diderot artikuliert, und Barads Ansatz sind mitunter verblüffend, etwa wenn Diderot die Frage nach dem Ei und dem Keim anspricht und Barad (wie oben zitiert) feststellt, dass die Natur und alles in ihr leidet und begehrt. So fragt sich Diderot, wie das Ei und der in es eingeführte Keim imstande sind, Leben zu entwickeln. Davor sind beide nämlich bloß „empfindungslose Masse", aber dann beginnt sich durch Wärme und Bewegung Leben zu regen:

> Da ist zuerst ein schwingender Punkt, dann ein Gewebe, das sich ausdehnt und färbt; ferner Fleisch, das sich bildet. Ein Schnabel, Flügelansätze, Augen, Pfoten erscheinen; eine gelbliche Masse wird ausgeschieden und erzeugt Eingeweide. Jetzt ist es ein Tier. Das Tier bewegt sich, zappelt, piepst; ... Es schlüpft aus, es geht, es fliegt, es regt sich auf, es läuft davon, es kommt wieder näher, es klagt, es leidet, es liebt, es begehrt, es genießt. Es hat alle Ihre Affekte [die seiner Zuhörenden]. (Diderot 2013, 87)

Lassen sich nun Barads intra-aktiver Ansatz sowie Diderots Empfindungsvermögen auch mit dem *blinden Fühlen*, wie es in der Prozess-Philosophie von Whitehead verhandelt wird, vergleichen?

Blindes Fühlen

Von Diderots Gefühlssinn und einer intra-agierenden Welt lässt sich ein Bogen zu Whiteheads *blindem Fühlen* spannen, dem eine basale Bedeutung in dessen Kosmologie zukommt. Heute scheint es angesichts medientechnischer Entwicklungen eine besonders attraktive Figur für die Konzeption von Wahrnehmen und Empfinden ohne Bewusstsein zu sein (vgl. Manning und Massumi 2014; Shaviro 2012; Haraway 2008).

Wahrnehmung und Empfinden (*sensation*) werden bei Whitehead also ohne die Kategorie eines intentional agierenden Subjekts gedacht. Die primitive Form der physischen Erfahrung wird in seiner Philosophie als ein „blindes Fühlen" (*blind feeling*) bezeichnet, das rezipiert (wird), „als werde [es] anderswo, in einem anderen Ereignis empfunden und als eine subjektive Leidenschaft konform angeeignet" (Whitehead 1987, 303–304). In dieser „Theorie des Empfindens" wird das Subjekt als „Superjekt" zum „Ziel des Prozesses, der die Empfindungen hervorbringt" (406). Für Whitehead ist die Tradition der metaphysischen Wahrnehmungstheorien von fundamentalen Missverständnissen geprägt, die er zentral in deren Privilegierung der visuellen

 Wahrnehmung begründet sieht. „Ich sehe etwas, nehme dieses also einfach wahr", so lautet die klassische Annahme, die Whitehead mit dem Hinweis kritisiert, dass diesem Sehen immer schon ein Abstraktionsprozess vorangegangen sein muss, wodurch das „Empfinden in der Unmittelbarkeit des gegenwärtigen Ereignisses verwurzelt [ist]: Es ist das, was das Ereignis für sich selbst empfindet, indem es seinen Ursprung in der Vergangenheit hat und mit der Zukunft verschmilzt" (304). Whiteheads Empfindungslehre basiert auf der Annahme, dass Leben ganz radikal Selbsterfahrung heißt und als komplexer Prozess von Aneignung verstanden werden muss, den er in seinen frühen Arbeiten „prehension" (2001, 180) nennt. Jeder dieser individuellen Akte von Selbsterleben bezeichnet Whitehead darüber hinaus als „Erfahrungsereignis" (181). Diese sind, wie es bei ihm heißt, die „wirklich wirklichen Dinge" (181).

Ich betone dies hier deshalb so sehr, weil das Empfinden, wie Whitehead es definiert, sich mit dem Affektbegriff, wie ihn Deleuze und später Massumi konzipiert haben, zusammen denken lässt. Auch der Affekt hat keine Präsenz, sondern ist immer zwischen „immer-schon-vergangen" und „noch-nicht" zeitlich lokalisiert, er ist nie unmittelbar empfunden oder gegeben, er ist immer schon abstrahiert: In ihm verschmelzen Vergangenheit und Zukunft als Moment des Hier und Jetzt, als „Erfahrungsereignis" in seiner radikalen Form.

Das Empfinden, das *blinde Fühlen* – als Affekt und dieser in seiner Transposition auf die fehlende halbe Sekunde als Dauer – zielt damit auf eine physisch-abstrahierte Dimension, die sich in den Intervallen des Gehirns, der Zellen und Nerven zu einer subjektiven Einheit formt, oder in den Worten Whiteheads, durch die sich Subjektivität als Zone der verlorenen Zeit bestimmen lässt, als „das Leben ... in den Zwischenräumen jeder lebenden Zelle und in den Zwischenräumen des Gehirns" (1987, 206).

Intensive Milieus

Haraway hat den Menschen in den frühen 1980er Jahren zwischen Tier und Maschine positioniert und in ihrem *Manifest für Cyborgs* ([1985] 1990) erklärt, dass in Zeiten von porös werdenden Grenzziehungen zwischen natürlichen und artifiziellen Organismen Hybride aufzutauchen beginnen: halb Tier und Mensch, halb Maschine und Mensch – Mischwesen, Cyborgs. Doch Hybride sind weder Zukunftsfiguren noch Prototypen für Science-Fiction-Filme und Computerspiele, sondern vor allem Verweise auf das Hier und Jetzt. Und dieses zeigt heute deutlich, dass Gemeinsamkeiten, graduelle Unterschiede und Relationen zwischen dem Menschen und anderen wichtiger geworden sind, wodurch dieser zu einer Spezies unter anderen „significant others" (Haraway 2003) wird. Dadurch rückt auch der Körper in seiner Vernetzung in den Vordergrund, der heute nicht länger als autopoietisches, nur Energie austauschendes System (wie im 19. und teilweise noch 20. Jahrhundert) verstanden, sondern als Informationen verarbeitender, als „biomediated-body" (Clough 2010) konzipiert wird.

Mit Beginn des 21. Jahrhunderts werden die Beziehungen zwischen Körpern, Um- und Innenwelten informationstechnologisch verschaltet, Körperdaten kommunizieren mit Umweltdaten, neuronale Netze steuern Körper- und Wohntemperatur, und die kleinen Schwestern (wie Siri und andere digitale Helferlein von Rosalind Picard, der Begründerin von *affective computing*, bezeichnet werden, um die Angst vor Big Data klein zu reden [vgl. 2010]) organisieren zunehmend alltägliche Abläufe. Derzeit wird mit hohem Druck daran gearbeitet, diese digitalen Hilfen als „neue Andere" dem Menschen zur Seite zu stellen, als umsichtig planende und gefühlvoll agierende *non-humans*, die den Menschen nun auch dort überbieten oder ersetzen sollen, worin er sich von den Maschinen immer (noch) unterschieden hat: Affekt und Emotion galten bis Ende des 20. Jahrhundert als diejenige menschliche Dimension, die weder berechenbar noch restlos auszuklammern war. Heute greifen die Algorithmen des *affective computing* längst ein, um Mensch und Maschine affektiv, das heißt psychokybernetisch, zu verbinden. Dies ist nicht das Ende des Menschen – seine körperlich-mentale Überwindung, wie sie der Transhumanismus gerne behauptet –, aber es bedeutet sicherlich eine radikale Verschiebung des Humanen aus dem jahrhundertealten fiktiven Zentrum des Humanismus, sodass Menschen mit non-, para- oder posthumanen Anderen neue intensive Milieus organisieren werden (müssen).[1]

Im Folgenden sollen skizzenhaft drei *intensive Milieus* vorgestellt werden. Zum einen die Entstehung von neuen Umwelt-Technologie-Mensch-Vernetzungen (über den Begriff des *sensing* als Zusammenführung von *sensor* und

1 Interessanterweise taucht die emphatische Anrufung neuer Milieus heute im aktuellen politischen Diskurs überall auf. Hier ein Beispiel aus Österreich angesichts der dramatischen politischen Zweiteilung des Landes bei der Bundespräsidentenwahl 2016: „Doch in Wahrheit geht es um die Wiedererschaffung von Milieus. Nur so kann es wieder zu nachhaltiger Identifikation mit konstruktiver Politik kommen. Und diese Milieus werden neu sein, aus der digitalen Welt kommen. Es geht um die aktive Gestaltung von Lebenswelten. Denn eines offenbart die Wut der Rechten: die Sehnsucht nach etwas Gemeinsamem" (Schalko 2016).

sensation), sodann psychische Verschaltungen mit algorithmischen Programmierungen (Psychotechnologien, *affective computing*) sowie als drittes Milieu eine plastisch-affektive Gehirnkonzeption, in deren Zentrum ein „emotional self" (Malabou und Johnston 2013) steht, das den Kern eines rein zeitlich gefassten Nichtbewusstseins bildet. Während also unter *sensing* die technologische Beziehung zwischen Körper und Umwelt befragt wird, wird durch *affective computing* das Verhältnis von einzelnem und sozialer Umwelt affektiv-technisch re-organisiert. Mit der Plastizität des Gehirns gelangen wir zu einer dritten Dimension, die eines durch *Selbstaffizierung emergierenden emotionalen Selbst*, das eine entsprechend anders strukturierte Libido-Ökologie generiert (vgl. Guattari 1995).

Von Sensoren und anderen Empfindungsvermögen

In meinem Buch *Vom Begehren nach dem Affekt* (2007) habe ich die Substitution eines psychoanalytischen Begehrensbegriffs durch unterschiedliche Traditionen von Affektbegriffen untersucht und dort die These aufgestellt, dass diese Ersetzung weitreichende Implikationen für ein Denken des Humanen hat. Als ein Beispiel hierfür habe ich *Abstract Sex* (2004) von Luciana Parisi zitiert, das als eine erste Entwicklungsstufe für ein Begehren gelesen werden kann, das nicht länger als psychische Dimension konzipiert ist. Begehren wird von Parisi vielmehr als Energie gefasst, es wird zu jener Kraft, die so etwas wie eine affektive Ansteckung (*affective contagion*) vorantreibt. Den Begriff dieser Ansteckung entwickelt sie in *Technoecologies of Sensation* (2009) weiter und überträgt ihn über eine „extension of feeling" (188) in eine technisch aufgerüstete Umwelt. Begehren wird über diese Transposition zum einen zu einer Art Lebenskraft (vergleichbar dem *conatus* bei Spinoza) und zum anderen zu einem Empfinden, durchaus zunächst vergleichbar einem Empfindungsvermögen, wie es Diderot diskutiert.

 Es wird aber auch schnell klar, dass es sich hierbei in erster Linie um Eigenaktivitäten von Agenten wie Bakterien, Viren und Zellen handelt, die agieren, reagieren und Informationen untereinander austauschen, wie Myra J. Hird sie in ihrer Konzeption von Mikro-Ontologien beschrieben hat. Durch chemische Kommunikation wie *quorum sensing*[2], Biofilm und Sporenbildung tauschen sich Bakterien aus und übertragen Informationen: „Bacterial communities ... perform collective sensing, distributed information processing, and gene-regulation of individual bacteria by the group" (Hird 2009, 42). Hird, die Direktorin der *genera Research Group* ist, hat Haraways Begriff der *companion species* übernommen und diesen auf das Konzept einer *co-evolution* und eines *co-enactment* zwischen *non-species* übertragen, um zu zeigen, dass Körper auf einer zellulären Ebene, sowohl genetisch als auch morphologisch, intra-aktiv agieren. Ihre Mikro-Ontologie verfolgt dabei einen radikalen asymmetrischen Ansatz, d.h. die Biosphäre benötigt den Menschen nicht zum Überleben, umgekehrt jedoch braucht der Mensch diese sehr wohl.

Doch nicht nur dieses Eigenleben bildet ein basales Element für Parisis Techno-Ökologie, auch der Begriff der *prehension* von Whitehead wird von ihr aufgegriffen, um ein affektives Denken zu konzipieren, „including the non-reversible and yet dynamic conditions of the being of the sensible and of the intelligible" (2014, 164). Mithilfe dieses Begriffs, betont sie, werde es möglich, Komputation und Kognition als offene und reversierbare Regelsysteme zu begreifen,

> not only because they are responsive to the physical environment which they seek to simulate, but more importantly because their discrete operations become infected and changed by informational randomness.

2 Als *quorum sensing* wird die Fähigkeit von Einzellern bezeichnet, über chemische Kommunikation die Zelldichte der Population zu messen. Sie erlaubt es den Zellen einer Suspension, bestimmte Gene nur dann zu aktivieren, wenn eine bestimmte Zelldichte über- oder unterschritten wird. Vgl. „Quorum sensing," *Wikipedia*, zuletzt geändert 11.08.2016, https://de.wikipedia.org/wiki/Quorum_sensing.

> The apparent opposition between affect and computation is here dissolved to reveal that dynamic automation is central to the capitalization of intelligible functions. (184)

Medien werden in dieser Sichtweise zu „Erfassungsmaschinen [*prehensive machines*] des Unartikulierbaren und Unrepräsentierbaren“ (Parisi und Hörl 2013, 39), wodurch sich jede Bewegung von technischen und lebendigen Organismen auf allen Ebenen verschalten lässt. Spätestens hier wird nun jedoch auch klar, dass der Zusatz affektiv – ohne explizite Klarlegung – der Joker ist, der es ermöglichen soll, zwischen viszeralen, biologischen, technischen und mentalen Prozessen zu jonglieren. Aus Daten werden „affektive Daten“ (39), ohne dass ausgeführt wird, was sich durch diesen Zusatz verändert. So kommt auch der Sprung zur Empfindung zustande. Eine „Technoökologie der Empfindung“ (40) bedeutet bei Parisi schlicht, dass Energie in Information transformiert wird. Doch genau dieses Umschlag-Moment wird nicht mehr weiter bedacht.

Etwas anders gelagert ist hingegen der Blick auf die *Medien der Natur*. Dort heißt es in einem Beitrag von Gabriele Gramelsberger zu einer „Rheologie des Medialen“: „Es schleimt, es lebt, es denkt“ (2016). Thema ist der „Urschleim des Lebens“, nicht nur, weil Schleim Leben ermöglichende Eigenschaften aufweise, sondern weil, wie Gramelsberger schreibt, „auch die technischen Medien ohne Schleim nicht möglich wären. ... Denn Schleim ... ist nicht nur Beginn der Menschwerdung, sondern Ende der Technik und Zukunft der Technologie“ (167). Hier wird Schritt für Schritt eine Auseinandersetzung mit der Materie des Schleims vorgeführt, wie sie jedem empirisch-materiellen Medienansatz nur zu empfehlen ist, der für sich in Anspruch nimmt, Materialität anders zu denken und den Gedanken, dass Medien materiell sind und materielle Effekte erzeugen, ernst nimmt.

All die hier kurz benannten Themen versuchen einer voranschreitenden medientechnischen Infra(re)strukturierung gerecht zu werden, die zu einem immer dichteren Relationsgefüge von Umwelt, Technologien, Sozialem und Psychischem führt, welches sich, wie ich hier zeigen möchte, durch techno-affektive Milieus sowie sensorisch verschaltete Empfindungen/Bewegungen (Affizierungen) auszeichnet. In gegenwärtigen Diskursen zu bio-atmosphärischen Medientechnologien und dem Psycho-Technischen der Affizierung lässt sich allerdings eine gegenseitige Ignoranz beobachten – was angesichts der wechselseitigen Durchdringung von Umwelt, Körper- und Affekt-Sensoriken und der gleichzeitigen und parallelen Kybernetisierung des Somatischen, Psychischen und Ökonomischen an der Sache vorbeigeht. Diese Forschungsfelder müssen medienwissenschaftlich zusammengeführt werden, sodass die Kontaktzonen der Binnen- und Außenbereiche des *sensing* gleichzeitig als Prozesse des Verbindens, des Unterbrechens und des Übersetzens (als Momente eines erweiterten, posthumanen Konzepts von Affizierung) begriffen werden können, die sodann auch deutlich machen, dass die genannten Verflechtungen und Kurzschließungen nicht einfach reibungs-, rausch- und konfliktfrei ablaufen. Gerade diese Umschlag-Momente, wie ich sie in einem gemeinsamen Forschungsprojekt mit Birgit Schneider und Bernd Bösel bearbeite (siehe 2016), sind zentral, da sie sowohl eine ausschließliche Technikorientierung als auch einen herkömmlichen Anthropozentrismus unterlaufen. Verdeutlichen lässt sich dies anhand der Entmächtigungs-Erfahrungen, die BenutzerInnen von sogenannten *smart houses* machen. Die Sensoren des Hauses, die seiner Maschinen und Architekturen, und die seiner BewohnerInnen verschalten sich auf komplexe Weise oder sind eben auch (wie etwa im Fall unerwünschter und nicht ohne weiteres abstellbarer Automatismen) unterbrochen, oder es ergeben sich Übersetzungsprobleme zwischen technischem und organischem *sensing*. Dieser Gedanke lässt sich von einem Haus auch auf die Außenwelt übertragen: auf *sensor-cities*, GPS-gesteuerte und satellitenüberwachte Agrartechnik oder Geo- und Klimadatenerhebung. Überall ergeben sich hier zu befragende

Umschlag-Momente, die sich auch in aktuellen Kunstpraxen auffinden und thematisieren lassen. Insbesondere können ästhetische Inszenierungen dabei auf ihre Möglichkeiten für aisthetische Differenzierungen befragt werden, die auf die Kippbewegung als radikale Un-Übersetzbarkeit (von *sensing* und *sense-ability*) insistieren.

Affective computing und soziale Kommunikation

2015 feierte der Animationsfilm *Inside Out* (dt.: *Alles steht Kopf*)[3] in Cannes seine Premiere. Der Film erzählt die Geschichte von Riley, einem Mädchen, das in die Pubertät gekommen ist und entsprechend häufig emotional „ausrastet". Er inszeniert Rileys emotionale Welt von ihrer Geburt an, mit der sich auch ihre „Emotionszentrale" zu entwickeln beginnt. *Freude* ist die erste Emotion, die die ersten positiven Erinnerungen abspeichert, sodann tritt *Kummer* hinzu, der für Rileys erste Schreiattacken verantwortlich ist. Ihr Leben wird alsbald von fünf grundlegenden Emotionen geprägt: *Freude*, *Kummer*, *Angst*, *Wut* und *Ekel*. *Freude* sorgt dafür, dass Riley glücklich ist, *Angst* bewahrt sie vor Unfällen und Verletzungen, *Wut* sorgt für ihr Gerechtigkeitsgefühl und *Ekel* dafür, dass Riley spürt, was sie krankmachen könnte. Die Aufgabe von *Kummer* bleibt unklar. Warum bedarf es seiner? Als Ausgleich zur *Freude*, um die auch von Freud vertretene Homöostase zu stützen? Vielleicht. Das heute in den Cultural Studies überaus aktuelle Affekt-Modell von Silvan Tomkins wird in diesem Film nicht nur assoziativ thematisiert, sondern auch bildlich dargestellt – indem zum Beispiel ein Mischpult die Emotionen regelt. Wird der Regler hochgefahren, ist der emotionale Zustand aufgeregt, angeregt und voller Spannung, wird der Regler gegen Null geschoben, ist das Verhalten gedämpft bis traurig oder depressiv.

3 Es handelt sich um einen Computeranimationsfilm der Firma Pixar, die seit 2006 zum Walt-Disney-Konzern gehört und durch Filme wie *Findet Nemo* und *Toy Story* bekannt geworden ist.

Der Film übersetzt meines Erachtens zentrale Momente der gegenwärtigen Diskussion über Affekte und Emotionen – möglicherweise ganz unbeabsichtigt – in eine durchaus gängige und traditionsreiche Bilder-Sprache. Zum einen ist der Fokus auf fünf basale Emotionen bemerkenswert, den die ProduzentInnen des Films mit Einfachheit begründet haben: Neun basale Affekt-Paare waren es, die Tomkins Anfang der 1960er Jahre festlegte, um eine kritische Alternative zum psychoanalytischen Modell von Trieb und Libido zu entwickeln. Sein Affekt-Modell wurde Anfang der 1990er Jahre durch die US-amerikanische Queer-Theoretikerin Eve Kosofsky Sedgwick wiederentdeckt und übt seitdem größten Einfluss in den Kultur- und Medienwissenschaften und weit über deren Grenzen hinaus aus. Zum anderen übersetzt das Mischpult, das sich im Gehirn der Hauptfigur befindet und von den Emotionen als zentrale Affektregulierungsmaschine gesteuert wird, wunderbar die kybernetisch-systemtheoretische Fassung der Affekte, wie sie Tomkins vorgelegt hat. Die Stärke des Signals ist ausschlaggebend, um den Affekt in eine positive oder negative Richtung zu bewegen.

Mit der Entwicklung des *affective computing* seit Anfang der 1990er Jahren hat sich die Computerforschung explizit dem Einsatz und der algorithmischen Übersetzung der Affekte zugewendet. Ich habe gemeinsam mit Bernd Bösel die Geschichte, Annahmen und Implikationen dieser Entwicklung in unserem Aufsatz *Capture All, oder: Who's Afraid of a Pleasing Little Sister?* (2015) zusammengetragen. Während Parisi *affective computing* einfach nur als eine „extension of feeling" (2009, 188) ohne jede weitere kritische Einschätzung bezeichnet, sehen wir darin eine ganz andere Ausweitung, nämlich eine weit über das *computing* hinausreichende Implementierung von affektiven Normierungen, die unter dem Deckmantel einer technischen Hilfeleistung das zu Verrechnende zum standardisierten Mittelwert erheben.

Affektivität wird im Feld der *Affective Sciences* (vgl. Davidson, Scherer und Goldsmith 2003) auf eine Weise als technisch und damit machbar begriffen, die alle bisherigen psychotechnischen Verfahren in den Schatten stellt. Bösel und ich sprechen von „Affekt- und Psychotechnologien" (2015, 56), um damit all jene Techniken zu thematisieren, die zum Erfassen, Speichern, Messen, Kategorisieren, Katalogisieren, Operationalisieren, Simulieren und Induzieren affektiver Zustände implementiert werden. In diesem Kontext zu nennen sind des Weiteren *affective gaming*, die *surveillance technologies* und auch bestimmte Anwendungen der Quantified-Self-Bewegung sowie des Life-Tracking.

Das umfassendste Versprechen stammt diesbezüglich aber zweifellos von VertreterInnen des *affective computing*. Dieses gegenwärtig stark forcierte Forschungsgebiet geht auf die gleichnamige Publikation der Informatikerin Rosalind Picard von 1997 zurück, worin diese erstmals die vielfältigen Anwendungsmöglichkeiten des Erkennens und Simulierens von Affekten mittels Computer in visionärer Weitsicht benannt hat. Als Referenz dient dem *affective computing* das Tomkins-Ekman-Paradigma, das auf dem Affekt-Modell aufbaut, das Tomkins, wie bereits erwähnt, in den 1960er Jahren in kritischer Absetzung zur Psychoanalyse entwickelt hat. Wie im Pixar-Animationsfilm die Regler eines Mischpults bedient werden, um Rileys Affekte zu steuern, definierte Tomkins Affekte in Anlehnung an die zu seiner Zeit an Einfluss gewinnende Kybernetik und Systemtheorie. In seinem Modell stehen die Affekte in einem graduellen Verhältnis zueinander, das heißt, je nachdem, ob die Intensität neuraler Stimulation zu- oder abnimmt, pendelt die affektive Lage ins Plus oder Minus (vgl. Angerer 2007, 67). Überraschung – Erschrecken bilden das neutrale Affekspektrum, Leid – Qual, Ärger – Wut, Angst – Grauen, Scham – Demütigung, Geruchsekel und Geschmacksekel sind die negativen Affekte und Interesse – Begeisterung und Vergnügen – Freude die positiven. Diese Affekte bilden bei Tomkins das primäre Motivationssystem des Menschen. Die Scham begreift er dabei als zentralen Affekt, der sich durch die Unterdrückung von Interesse – Begeisterung und Vergnügen – Freude entwickelt und eng an die Sichtbarkeit und besonders an die Ausdrucksfähigkeit des Gesichts geknüpft ist (vgl. Tomkins 2008).

Mit dem Fokus auf die Affekte wird nun eine Verlagerung von einem psychoanalytisch definiertem Unbewussten auf das Bewusstsein eingeleitet, die mit der Gehirnforschung, wie sie sich im 20. Jahrhundert auszubilden beginnt, im letzten Drittel des vorigen Jahrhunderts abgeschlossen wird. Für das 21. Jahrhundert gilt das Bewusstsein als das große Forschungsfeld, die Psychoanalyse ist von Neurologie und Bio-Kybernetik abgelöst worden. Tomkins formulierte bereits zu Beginn seiner Arbeit an seinem Affekt-Modell, dass das neue Interesse an *awareness* und *attention* engstens mit den Entwicklungen der *automata creators* zusammenhängt, also jenen automatischen Maschinen, Feedback-Maschinen, die auf befremdliche Weise sich dem Menschen anzunähern begonnen haben. Doch nicht nur das Bewusstsein sei sträflich vernachlässigt, sondern eben auch die Rolle der Affekte dabei völlig unterschätzt worden:

> We might speculate that the phenomena of consciousness might possibly never have been so neglected had the problem been restricted to determining what another human being thinks. It is rather knowing how he *feels* that has been most strikingly avoided. (Tomkins 2008, Bd. I, 4)

Mit der Zentralstellung des Gesichts und damit der Sichtbarkeit von Affekten legte Tomkins den Grundstein für die später von seinem Schüler Paul Ekman entwickelte, seit Jahrzehnten mediengestützte, Forschung zur Erkennung von Gesichtsausdrücken und ihrer Operationalisierung. Ekman kam durch seine Studien des nonverbalen Verhaltens bei der Gesellschaft der Fore auf Papua Neuguinea zu dem Schluss, dass sich zumindest die Basisaffekte in universeller Weise durch bestimmte Gesichtsausdrücke zeigen und Charles Darwin durchaus diesbezüglich Recht hatte. Die bestehenden kulturellen Unterschiede in den gesellschaftlichen „Darbietungsregeln" (Ekman 2010, 5) erschweren zwar die Erkennbarkeit der jeweils empfundenen Emotionen, doch lassen sich diese durch eine Analyse der *micro-expressions* aufspüren. Da diese für ungeübte BeobachterInnen zu schnell ablaufen, wurde die Medienunterstützung zunächst durch Video, später durch Computer, zu einem entscheidenden epistemischen Faktor. Zusammen mit Wallace Friesen präsentierte Ekman 1978 das auf dieser Basis entwickelte *Facial Action Coding System* (FACS), das schließlich eine der Grundlagen des *affective computing* werden sollte.

Für Picard war das Tomkins-Ekman-Paradigma basal, um zunächst anzuerkennen, dass Emotionen im sozialen Leben grundlegend sind und hieraus zu schließen, dass Computerprogramme zur automatischen Erkennung menschlicher Emotionen entwickelt werden könnten: „Today we know emotion is involved in rational decision-making and action selection, and in order to behave rationally in real life you need to have a properly functioning emotion system" (1997, 12). Dass Picard mit der Gründung der Firma *Affectiva* inzwischen erste ausgereifte Anwendungen vermarktet – aktuell das *Affdex* genannte Programm zur Dekodierung der Gesichtsmimik von KundInnen –, stellt zudem die gegenwärtige Verflechtung von Technowissenschaft und Ökonomie unter Beweis.[4]

Besonders signifikant zeigt sich diese Verflechtung in den unterschiedlich motivierten Zugriffen auf autistische Menschen. Diese sind nicht nur seit geraumer Zeit bevorzugte ProbandInnen für die Weiterentwicklung des *affective computing*, sondern gleichzeitig auch bevorzugte MitarbeiterInnen in der Software-Entwicklung. Darüber hinaus stellen sie jene Gruppe von Menschen dar, die einen ganz offensichtlich anderen Umgang mit ihrer Umgebung unterhalten, der weniger dem Gesetz der Signifikation als dem der Responsivität sich verpflichtet fühlt, wie es die kanadische Choreographin Erin Manning ausgedrückt

4 Auf der Homepage http://www.affectiva.com/technology/ wird explizit auf das von Ekman entwickelte FACS als Grundlage für das Programm hingewiesen.

 hat (vgl. 2009, 95). Das heißt, der Zugriff auf autistische Menschen erfolgt aus sehr unterschiedlich gelagerten Interessen. Während autistische Menschen für Manning als Beleg gelten können, dass Wirklichkeitsbezüge sich auf unterschiedliche Weise herstellen und gestalten, sind sie für die Software-Produktion aus durchaus ähnlichen Gründen besonders kompetente MitarbeiterInnen. Manning hat – mit Blick auf die Autismus-Aktivistin Amanda Baggs – hervorgehoben, dass sprachliche Bedeutungsproduktion nur ein Weg ist, sich mit der Welt und den anderen zu verständigen, ein anderer wäre eine körperliche Responsivität (vgl. 245). Am Beispiel von Baggs' Video *In My Language*[5] dekliniert Manning das Spektrum von Affekt, Empfindung und Objektbezug durch, ohne dabei besonders auf den Umstand einzugehen, dass Baggs mithilfe ihres Computers ihre Botschaft der Netzwelt kundtut. Technische Interfaces erlauben autistischen Menschen aber natürlich nicht nur, Nachrichten an andere zu übermitteln, sie verweisen auch darauf, dass sie besondere Skills – wie Aufmerksamkeitskonzentration sowie Mustererkennung – besitzen, auf die die Software-Industrie inzwischen ziemlich unverblümt zugreift.[6] Doch autistische Menschen sind nicht nur kompetente Softwarefehler-AnalystInnen, sie sind gleichzeitig auch bevorzugte UntersuchungskandidatInnen zur weiteren Erforschung von affektiven Stimuli und Reaktionen. Auf welche Weise Computer autistischen Menschen bei der Differenzierung von emotionalem Ausdruck behilflich sein können, ist nicht zufällig ein auch im *Oxford Handbook of Affective Computing* (2015) ausführlich behandeltes Thema. Dort beginnt Picard ihren Aufsatz mit der Geschichte einer autistischen jungen Frau, die über *affective computing* lernt, ihr Verhalten in Stresssituationen besser zu steuern (vgl. 2015, 11–12).

5 Vgl. Baggs, Amanda. *„In My language"*, Youtube Video. Hochgeladen am 14.01.2007, https://www.youtube.com/watch?v=JnylM1hI2jc.

6 Vgl. Spiegel Online. *„Software-Konzern SAP stellt Hunderte Autisten ein,"* 21.05.2013. http://www.spiegel.de/wirtschaft/unternehmen/sap-stellt-bis-2020-hunderte-autisten-ein-a-900882.html.

In der kleinen Schrift *Was tun mit unserem Gehirn?* ([2004] 2006) hat die französische Philosophin Catherine Malabou ihr Konzept der Plastizität des Gehirns in eine Debatte eingeführt, die die Geisteswissenschaften (wieder) auf Augenhöhe mit der Gehirnforschung zu bringen versucht und in der das Abdanken einer *epoché*, jener der *écriture*, verhandelt wird. Plastizität wird von Malabou als singuläres Motiv gefasst, wodurch sich ein entsprechend gerichteter Blick auf die emergierenden und bestehenden Phänomene einer Zeitspanne (Zeichen des Gegenwärtigen) richtet. So könne behauptet werden, wie Malabou dort schreibt, dass Plastizität das Schema der *écriture* der vorangegangen Epoche – von Roland Barthes bis Jacques Derrida prominent als die Ära der Strukturen und der Sprache als das alles bestimmende Inskriptionsmodell eingeführt – ablösen werde (vgl. Iveson 2013). In den *Mythen des Alltags* ([1957] 1964) hatte Barthes seiner Begeisterung für den Plastik-Kunststoff freien Lauf gelassen und diesen dabei weniger eine „Substanz als vielmehr die Idee ihrer endlosen Umwandlung" genannt – er „ist weniger Gegenstand als Spur der Bewegung" (79). Die Plastizität taucht aber auch schon in der Theorie zur *Existenzweise der technischen Objekte* ([1958] 2012) des französischen Technikphilosophen Gilbert Simondon auf, in der dieser die Plastizität der Maschine von der des menschlichen Gehirns (noch) unterscheidet. Während die erste eine Plastizität des Trägers sei, handle es sich beim Menschen um die Plastizität des Inhalts, also des Gedächtnisses, die Form hingegen bewahre sich, wie Simondon betont: „Das Gedächtnis der Maschine triumphiert in der Vielheit und der Unordnung; das menschliche Gedächtnis triumphiert in der Einheit der Formen und in der Ordnung" (113). Grund hierfür ist nach Simondon die fehlende Plastizität der Integration auf Seiten der Maschine, der auf Seiten des Menschen ein vitaler Aspekt korrespondiert.

> Das menschliche Gedächtnis nimmt Inhalte auf, die ein Formvermögen in dem Sinn haben, dass sie sich so überlagern, so gruppieren, als ob die erworbene Erfahrung als Code für jeden neuen Erwerb diente, um sie zu interpretieren und zu fixieren: Beim Menschen und allgemeiner beim Lebewesen *wird der Inhalt Kodierung*, während in der Maschine Kodierung und Inhalt als Bedingung und Bedingtes getrennt bleiben. ... Das Lebendige ist das, worin das *a posteriori* zum *a priori* wird; das Gedächtnis ist diejenige Funktion, durch die *a posteriori* zu *a priori* werden. (114)

In den Neurowissenschaften war der Terminus der *synaptic plasticity* bereits 1949 von Donald Olding Hebb, einem kanadischen Neurologen, eingeführt worden (vgl. 1949). Demnach zeige sich die Plastizität der Synapsen darin, dass ein Neuron ein anderes unterstützen könne. Pierre Changeux spricht in diesem Zusammenhang von der „Zusammenarbeit zweier Zellen", die dort, wo ihr Kontakt sich herstellt, „eine erhöhte Bereitschaft zur Zusammenarbeit" (1984, 184) aufweisen.

Doch bereits William James hatte von einer Plastizität in *The Principles of Psychology* (1890) gesprochen und gemeint, „[o]rganic matter, especially nervous tissue, seems endowed with a very extraordinary degree of plasticity," sodass er als eine seiner ersten Grundannahmen betonte, „that *the phenomena of habit in living beings are due to the plasticity of the organic materials of which their bodies are composed*" (64). Pfade und Wege im Gehirn (Bahnungen, Spuren) werden also entweder durch die ständige Performanz des Lebendigen verstärkt, vertieft oder entwicklen sich neu. Doch diese Sehweise blieb lange Zeit unbeachtet, und die Forschungsthese lautete bis weit ins 20. Jahrhundert hinein, dass das Gehirn entweder bei der Geburt oder zumindest mit Erreichen des Erwachsenalters sein Wachstum, seine Plastizität, eingebüßt hätte. Auch Nikolas Rose und Joelle Abi-Rached erzählen diese Geschichte, betonen jedoch, dass sich diese Sicht am Ende des vorigen Jahrhunderts radikal zu ändern beginnt. Heute werde das Gehirn vielmehr „as mutable across the whole of life" betrachtet, „open to environmental influences, damaged by insults, and nourished and even reshaped by stimulation – in a word *plastic.*" (2013, 48)

Malabou führt den Affekt nun in diese Plastizität des Gehirns so ein, dass dieser eine zerebrale Zeitlichkeit stimuliert, über die sich ein „emotional self" als Mittelpunkt einer neuen Libido-Organisation entwickelt. „Within the brain," schreibt sie, „affect does not detach from itself; it does not deprive itself of its own energy" (2012, 44). Im Gehirn gelangt der Affekt also zu sich und wird dort zum Kern von Subjektivität („core of subjectivity" [44]). Dies sollte jedoch nicht als neue Form einer *agency* verstanden werden, sondern vielmehr als Sequenz (in purer Zeit). Malabou betont zudem, dass dieses *core self* auch nicht als Ich oder Bewusstsein aufzufassen sei. Es markiert vielmehr eine radikal zeitliche Fremdheit. Hier taucht also wieder eine Zeitdimension auf, die sowohl in der Konzeption des *blinden Fühlens* bei Whitehead eine Rolle spielt als auch bei Massumis Affektdefinition zum Einsatz gelangt.

Der Begriff der Selbst- oder Autoaffektion im Sinne einer Selbst-Berührung (ohne Selbst) geht auf Immanuel Kant zurück, der diese Selbstheit als zeitliche gefasst hat. Bei Heidegger wird diese zeitliche Selbstbezüglichkeit sodann zur „Wesensstruktur der Subjektivität" (1998, 189). Zeit wird bei ihm nicht durch ein Ontisches affiziert, sondern durch sich selbst, wodurch in jedem Moment dieser Selbst-Bezüglichkeit Veränderung stattfindet und Subjektsein als ausschließlich nachträgliche Alterität zu begreifen ist. Die Definition von Selbstaffektion als purer Zeit und diese wiederum als essentielle Struktur von Subjektivität führen Adrian Johnston und Catherine Malabou – vor diesem philosophischen Hintergrund – nun aber zur Frage, ob wir denn Affekte auch außerhalb ihrer Selbstverklammerung denken können: „Can we think of affects outside autoaffection, affects without subjects, affects that do no affect ‚me'?" (2013, 6).

Affekte also, die sich anders – politisch zum Beispiel – organisieren und auf eine Weise übertragen werden, wie sie für Bakteriengemeinschaften und sensorische Umwelten beschrieben worden sind?

Über den Zufall (auch) in der (politischen) Begegnung

Insbesondere die Politik ist mit der neuen Bedeutung von Affizierungsprozessen überfordert. Die Versprechen, über die digitalen Netzwerke größere Transparenz politischer Prozesse zu erzielen, Menschen direkt zu erreichen und ihnen zu ermöglichen, ihre demokratischen Rechte einfacher und effektiver auszuüben, konnte nicht eingelöst werden. Vielmehr zeigt die digitale Vernetzung von immer mehr gesellschaftlichen Bereichen, dass dadurch weder Transparenz noch demokratische Prozesse erzielt werden, sondern oftmals das Gegenteil: Hass, Mobbing, Lügen, Fremdenfeindlichkeit sind die Inhalte, die nicht nur Shitstorms auszeichnen. Inzwischen plädieren immer mehr Menschen, vom Netz und seinen Zumutungen – zumindest zeitweise – verschont zu werden. Die emphatisch artikulierten „cultures of connectivity" haben sich, wie Sean Cubitt es in einem Vortrag auf der Jahreskonferenz des *European Network for Cinema and Media Studies* (NECS) formuliert hat, in eine „connectivity *against* culture" (2016, 5) verkehrt. Damit spielte er auf den Umstand an, dass mehr und mehr Kommunikation zwischen Maschinen, Programmen und Algorithmen stattfindet und menschliche Kommunikation eine immer geringere Rolle bei

Entscheidungen wie etwa an den internationalen Börsen oder im Überwachungssektor und seinen unübersehbaren Datenbergen spielt. Andere „Ichs" als die der Menschen haben also längst die einstmals als höchst rational angesehenen Entscheidungsprozesse übernommen und manipulieren inzwischen auf nicht einseh- und nicht abschätzbare Weise Politik und Gesellschaft.

Oliver Marchart, der Gesellschaft als *Das unmögliche Objekt* (2013) vor dem Hintergrund von Ernesto Laclaus und Chantal Mouffes poststrukturalistischer Demokratie-Theorie analysiert hat, spricht sich für eine *Affektologie* auf der Basis eines ontologischen Antagonismus aus (vgl. 437). Vor dem Hintergrund der Arbeiten Laclaus und Mouffes zu Populismus sei diese ein notwendiger weiterer Schritt. Eine *Affektologie* gelte es zu erarbeiten, wenn man Politik heute begreifen und betreiben wolle. Bereits vor Jahren forderte Brian Massumi, die Politik müsse affektiver handeln, was bedeute, dass Politik stärker unter einem theatralischen und ästhetischen Gesichtspunkt betrachtet werden sollte: Politik müsse eine performative Verschiebung aufgreifen, die sie mit anderen Mitteln ihre Einsätze bestreiten lässt (vgl. Massumi und Zournazi 2003, 26). Marcharts Forderung nach einer *Affektologie* angesichts neuer politischer Formationen steht dem Ansatz von Massumi überraschenderweise sehr nah, wenn auch in anderer Diktion und, wie schon angedeutet, vor anderem theoretischen Hintergrund.[1] Denn Marchart übersetzt den Terminus „Antagonismus" nun nämlich mit „Intensität": Der ontologische Antagonismus

1 Auch Chantal Mouffe hat in den letzten Jahren immer wieder auf Affekte verwiesen, diese allerdings stets als Gegensatz zu Kognition verstanden. D.h. Affizierung wird von ihr als Grundlage oder Grundfärbung begriffen, die die Ausbildung von politischen Identitäten mitbestimmt: „Daher kann die Veränderung politischer Identitäten niemals aus einem rationalistischen Appell an die wahren Interessen des Subjekts resultieren, sondern nur aus der Einbeziehung des gesellschaftlichen Akteurs in eine Reihe von Praktiken, die seine Affekte in einer Weise mobilisieren, die den Rahmen desartikulieren, innerhalb dessen der vorherrschende Prozess der Identifikation stattfindet" (Mouffe 2014, 143–144).

müsse als Intensität begriffen werden. Dies ist in mehrfacher Hinsicht interessant.

Zum einen ist dies seit Massumis Einführung einer *Autonomy of Affect* (1996) eine allgemein akzeptierte Definition von Affekt: Affekt ist Intensität, die einer anderen Ordnung angehört. Und zum anderen ist die Theorie von Laclau in der Frage von Affekten dezidiert an der Lacanschen Auffassung orientiert und das heißt: Der Affekt kann als solcher nicht wahrgenommen, nicht analysiert, daher natürlich auch politisch nicht operabel gemacht werden.[2]

Wie lässt sich also der Affekt gleichzeitig als Intensität und Antagonismus denken? Und darüber hinaus als ontologische Voraussetzung, wodurch Modulationen jenseits ihrer Skalierbarkeit benennbar würden? Denn diese reichen, wie Marchart schreibt, „von der Revolution bis zum Streit um die Hausarbeit, vom Generalstreik bis zum Blaufeiern ... Der Antagonismus ... ist nicht quantifizierbar; er ist nur in seiner Intensität – oder genauer: *als* Intensität – erfahrbar“ (2013, 437). Politische Affekte würden, wie Marchart weiter ausführt, nicht durch Anrufung hervorgerufen, sondern durch die „Begegnung mit dem Antagonismus ..., der dem Register des Realen angehört“ (443). Wenn Marchart nun jedoch hervorhebt, dass zwischen dem Gefühl der Empörung und dem Affekt der Empörung „Meilen“ (443, Fußnote 18) lägen, so kann dies dahingehend verstanden werden, dass dem Antagonismus-Konzept noch eine Ebene vorgelagert ist, nämlich die der Dislokation, wie sie von Laclau in *New Reflections on the Revolution of our Time* (1990) eingeführt worden ist. Es ist nämlich diese immer schon vorgängige Verschiebung, die sich mit dem Realen (Lacans) und damit möglichweise mit der Zone des Affektiven zusammendenken lässt. Das Reale und die

2 „The affective bond becomes more central whenever the ... symbolic dimension of language operates less automatically. From this perspective, affect is absolutely crucial in explaining the operation of the substitutive/ paradigmatic pole of language, which is more freely associative in its working (and thus more open to psychoanalytic exploration)“ (Laclau 2005, 227).

 Dislokation sind beide „unrepräsentierbar und gleichzeitig einerseits traumatisch/disruptiv, andererseits produktiv" (Stavrakakis 1998, 185). Damit ist eine mögliche Verbindung zum Affektiven hergestellt, allerdings nicht, wie Marchart schreibt, auf der Ebende des Antagonismus (der immer schon ein diskursives Muster beansprucht), sondern auf der vorgelagerten der Dislokation. Die Differenz zwischen Affekt und Gefühl, wie sie oben angesprochen wurde, ist – im Lacanschen Denken – zwischen symbolischer/ imaginärer Ordnung und dem Realen (des Affekts) zu verorten.

Medien spielen in Marcharts Konzeption nur eine verstärkende und keine konstitutive Rolle, eine Übertragungsrolle, die die Körper auf der Straße zu medial verschalteten Körpern werden lässt. Doch nicht geklärt wird, wie diese Begegnung mit dem Realen (des Affekts), also das eigentliche Umschlagen oder Kippen, eine Bewegung auszulösen imstande ist, die aus einem Körper viele Körper werden lässt, deren Rhythmus den einzelnen Körper mitnimmt: Es ist nämlich nicht, wie Marchart schreibt, eine Ausfaltung (im Sinne der Deleuzeschen Falte) des „zitternden Selbst" (2013, 437) ins Soziale, sondern die Bewegung hin zu einer radikalen Ich-losigkeit, die die Körper ihren affektivtechnischen Modulationen überlässt.

Diese Ich- oder Subjektlosigkeit empfindender Körper habe ich hier von Diderot über Whitehead bis zu Massumi vorgestellt, um sie als Voraussetzung für oder Effekt von (neuen) intensiven Milieus einzuführen. Können die Begriffe „Antagonismus" und „Dislokation" hier weiterhelfen?

Erinnern wir uns nochmals kurz an die drei Operationen des Affektiven – als verbindend, unterbrechend und übersetzend. Als zeitlich-blockiertes Moment einer Relation, eine Lücke, ein Aufklaffen. Die Auto-Affizierung ist hierbei die erste Inskription einer Bewegung als Eröffnung eines derartigen Intervalls. Die Dislokation als originäre Verschiebung ist dann jener Bewegung vergleichbar, die Derrida als *différance* bezeichnet hat – das Nichtabschließbare, die notwendige Offenheit eines jeden Systems, das

Sich-in-Bewegung-Setzen von Leben (ich erinnere hier nur an Diderots Beschreibung des Kückens). Der Antagonismus jedoch verweist auf die Zufälligkeit, auf das Nicht-Erwartbare, das Unvorhergesehene.

Überraschende Unterstützung erfährt diese Zusammenführung nun ausgerechnet durch Louis Althusser, dessen Definition von Ideologie als Interpellation, als Anrufung, für Laclau immer Basislektüre war. In *Der Unterstrom des Materialismus der Begegnung* ([1994] 2010) beginnt Althusser mit dem Regen. Malebranches Frage aufgreifend, warum der Regen auch ins Meer fällt, wenn dort doch genug Wasser schon vorhanden ist, der Regen also dem Meer nichts hinzufügt, fragt Althusser nach dem Regen, der in der Philosophiegeschichte stets ignoriert worden sei, und entfaltet einen „Materialismus (er muß mit einem Wort in seiner Ausprägung bestimmt werden) *des Regens, der Abweichung, der Begegnung und des Greifens*" (21). Um diese verdrängte Tradition in der Philosophiegeschichte offen zu legen, um zu sagen, darum geht es, wer traut sich, fordert Althusser weiter, folgendes zu denken, nämlich die „Tatsache der Unterwerfung der Notwendigkeit unter die Kontingenz und die Tatsache der Formen, die den Effekten der Begegnung ‚Gestalt verleihen'" (21). Das sind die Atome von Lukrez – ein Regen, die unendlichen Attribute bei Spinoza – ebenfalls ein Regen. All dies verweise, wie Althusser eindringlich anmerkt, auf einen verdrängten Materialismus, den es wieder zu aktivieren gilt. Jedoch nicht im Sinne einer affirmativen Relationalität, die alles und jedes in ein heilversprechendes Gesamtgefüge zu überführen trachtet, wie ich hier anmerken möchte, sondern ein Materialismus, der die Kontingenz ins Zentrum rückt, das Zufällige der Begegnung und die Notwendigkeit des Greifens und Ergriffen-Werdens. Auch Haraway hat den Begriff der *prehension,* der Aneignung, von Whitehead in ihrem *Companion Species Manifesto* (2003) verwendet, um ihn dort mit „to grasp" zu übersetzen. Eine *prehension,* also eine Aneignung, kann als ein Zusammenwachsen von Beziehungen verstanden werden, das heißt, alles und jedes entsteht in einem gegenseitigen Erfassen. Und Haraway schreibt dort weiter: „Prehensions have consequences. The world is a knot in motion. ... There are no pre-constituted subjects and objects, and no single sources, unitary actors, or final ends" (6). Diese Welt als „ein Knoten in Bewegung" – Laclau spricht von Knotenpunkten, die durch antagonistische Artikulationen entstehen – beruht auf einem „Es gibt" (Althusser 2010, 24). Gegen jeden Zweck, gegen jede Totalität gerichtet, erfasst dieser unterirdische Strom der Begegnung die Noch-Nicht-Subjekte, um diese in sich aufzunehmen, sie in eine Form und unter ein Gesetz zu bringen. Doch auch dieses ist nicht vorgegeben, sondern Element einer aleatorischen Reihe.

Eine radikale Betonung des Zufalls der Begegnung durch Althusser, die Betonung der Artikulation von Kontingenz durch Laclau, Antagonismus als Intensität bei Marchart, das Zusammentreffen von Dislokation und dem Realen – dies zusammen ermöglicht eine Affektfassung, die heute von größter Dringlichkeit ist, um in der vor sich gehenden Transformation von Technologie, Leben und Umwelt den Zufall, die Kontingenz nicht aufs Spiel zu setzen, jenes abweichende Moment, das *clinamen*, das den Regen für Augenblicke aus seinen Bahnen verrutschen lässt.

Referenzen

„Affectiva Technology." *Affectiva: Emotion Recognition Software and Analysis.* Letzter Zugriff am 09.01.2017. http://www.affectiva.com/technology/.

Althusser, Louis. (1994) 2010. „Der Unterstrom des Materialismus der Begegnung." In *Materialismus der Begegnung: Späte Schriften*, herausgegeben von Franziska Schottmann, 21–66. Zürich: Diaphanes.

Altmeyer, Martin. 2016. *Auf der Suche nach Resonanz: Wie sich das Seelenleben in der digitalen Moderne verändert.* Göttingen: Vandenhoeck & Ruprecht.

Angerer, Marie-Luise. 2011. „Vom Lauf der ‚halben Sekunde'," *kunsttexte.de: E-Journal für Kunst-und Bildgeschichte* 1. Letzter Zugriff am 09.01.2017. http://www.kunsttexte.de/index.php?id=711&idartikel=37861&ausgabe=37742&zu=611&L=0.

Angerer, Marie-Luise. 2007. *Vom Begehren nach dem Affekt.* Zürich: Diaphanes.

Angerer, Marie-Luise und Bernd Bösel. 2015. „Capture All, oder: Who's Afraid of a Pleasing Little Sister?" *Zeitschrift für Medienwissenschaft: Überwachung und Kontrolle*: 48–56.

Angerer, Marie-Luise, Birgit Schneider und Bernd Bösel. 2016. *Empfindsame Umwelten, posthumane Affekte und aisthetische Differenzen.* Projektskizze, Universität Potsdam.

Angerer, Marie-Luise und Karin Harasser, Red. 2011. *Zeitschrift für Medienwissenschaft: Menschen & Andere* 4.

Baggs, Amanda. 2007. „In My Language." Youtube Video. Hochgeladen am 14.01.2007. Letzter Zugriff am 09.01.2017. https://www.youtube.com/watch?v=JnylM1hI2jc.

Barad, Karen. 2007. *Meeting the Universe Halfway: Quantum Physics and the Entanglement of Matter and Meaning.* Durham, NC: Duke University Press.

Barad, Karin, Rick Dolphijn und Iris van der Tuin. 2012. „Interview with Karen Barad." In *New Materialism: Interviews & Cartographies,* herausgegeben von Rick Dolphijn und Iris van der Tuin, 48–70. Ann Arbor: Open Humanities Press.

Barthes, Roland. (1957) 1964. *Mythen des Alltags.* Frankfurt a. M.: Suhrkamp.

Bense, Max. (1951) 1998. „Kybernetik oder die Metatechnik einer Maschine." In *Ausgewählte Schriften: Philosophie der Mathematik, Naturwissenschaft und Technik.* Bd. 2, herausgegeben von Elisabeth Walther, 429–446. Stuttgart: Metzler.

Bergson, Henri. (1896) 1991. *Materie und Gedächtnis: Eine Abhandlung über die Beziehung zwischen Körper und Geist.* Herausgegeben von Erik Oger. Hamburg: Philo Fine Arts.

Bergson, Henri. (1922) 2014. *Dauer und Gleichzeitigkeit: Über Einsteins Relativitätstheorie.* Herausgegeben von Christina Vagt. Hamburg: Philo Fine Arts.

Borch, Christian und Urs Stäheli, Hg. 2008. *Soziologie der Nachahmung und des Begehrens: Materialien zu Gabriel Tarde.* Frankfurt a. M.: Suhrkamp.

Canales, Jimena 2009. *A Tenth of a Second: A History.* Chicago: University of Chicago Press.

Canguilhem, Georges. (1965) 2009. „Maschine und Organismus." In *Die Erkenntnis des Lebens*, herausgegeben von Till Bardoux, 183–231. Berlin: August-Verlag.

Changeux, Jean-Pierre. (1983) 1984. *Der neuronale Mensch: Wie die Seele funktioniert; Die Entdeckungen der neuen Gehirnforschung.* Reinbek bei Hamburg: Rowohlt.

Clough, Patricia T. 2010. „The Affective Turn: Political Economy, Biomedia, and Bodies." In *The Affect Theory Reader*, herausgegeben von Melissa Gregg und Gregory J. Seigworth, 206–228. Durham, NC: Duke University Press.

Combes, Muriel. 2013. *Gilbert Simondon and the Philosophy of the Transindividual.* Cambridge: MIT Press.

Cubitt, Sean. 2016. „Against Connectivity." NECS European Network for Cinema and Media Studies, Tagung Postdam, 28.–30.07.2016. Letzter Zugriff am 09.01.2017. https://www.academia.edu/27430246/Against_Connectivity.

Davidson, Richard J. und Klaus R. Scherer, Hg. 2003. *Handbook of Affective Sciences.* New York: Oxford University Press.

Deleuze, Gilles und Félix Guattari. (1972) 1992. *Tausend Plateaus: Kapitalismus und Schizophrenie.* Berlin: Merve.

Deleuze, Gilles. (1990) 1993 „Postskriptum über die Kontrollgesellschaften." In *Unterhandlungen 1972–1990*, 254–262. Frankfurt a. M.: Suhrkamp.

Deleuze, Gilles. (1970) 1988. *Spinoza: Praktische Philosophie.* Berlin: Merve.

Deleuze, Gilles. (1983) 1989. *Das Bewegungs-Bild: Kino 1.* Frankfurt a. M.: Suhrkamp.

Deleuze, Gilles. (1986) 1987. *Foucault.* Frankfurt a. M.: Suhrkamp.

Derrida, Jacques. (1971) 1999. „Signatur, Ereignis, Kontext." In *Randgänge der Philosophie*, herausgegeben von Peter Engelmann, 291–314. Wien: Passagen-Verlag.

Derrida, Jacques. (1967) 1976. *Die Schrift und die Differenz.* Frankfurt a. M.: Suhrkamp.

Diderot, Denis. (1769) 2013. „D'Alemberts Traum." In *Philosophische Schriften*, herausgegeben von Alexander Becker, 78–154. Berlin: Suhrkamp.

Du Bois-Reymond, Emil Heinrich. (1886) 1912. „Über die Grenzen des Naturerkennens." In *Reden von Emil Du Bois-Reymond: Mit einer Gedächtnisrede von Julius Rosenthal.* Bd. 1, herausgegeben von Estelle Du Bois-Reymond, 291–314. Leipzig: Veit.

Dyson, George. 2012. „A Universe of Self-Replicating Code." *edge* (Blog), 26.03.2012. Letzter Zugriff am 09.01.2017. https://www.edge.org/conversation/george_dyson-a-universe-of-self-replicating-code.

Ekman, Paul. (2003) 2010. *Gefühle lesen: Wie Sie Emotionen erkennen und richtig interpretieren.* München: Spektrum Akademie Verlag.

Ernst, Wolfgang. 2014. „Temporalizing Presence and ‚Re-presencing' the Past: The Techno-Traumatic Affect." In *Timing of Affect: Epistemologies, Aesthetics, Politics,* herausgegeben von Marie-Luise Angerer, Bernd Bösel und Michaela Ott, 145–159. Zürich: Diaphanes.

Foucault, Michel. (1966) 1971. *Die Ordnung der Dinge: Eine Archäologie der Humanwissenschaften.* Frankfurt a. M.: Suhrkamp.

Galloway, Alexander R. und Eugene Thacker. 2007. *The Exploit: A Theory of Networks*. London: University of Minnesota Press.

Gramelsberger, Gabriele. 2016. „Es schleimt, es lebt, es denkt: Eine Rheologie des Medialen." *Zeitschrift für Medien- und Kulturforschung: Medien der Natur* 7: 155–168.

Guattari, Félix. (1992) 1995. *Chaosmosis: An Ethico-Aesthetic.* Sydney: Power Publications.

Habermas, Jürgen. 2001. *Die Zukunft der menschlichen Natur: Auf dem Weg zur liberalen Eugenetik?*. Frankfurt a. M.: Suhrkamp.

Hansen, Mark B. N. 2014. „Feelings without Feelers, or Affectivity as Environmental Force." In *Timing of Affect: Epistemologies, Aesthetics, Politics,* herausgegeben von Marie-Luise Angerer, Bernd Bösel und Michaela Ott, 65–86. Zürich: Diaphanes.

Haraway, Donna J. (1985) 1990. „A Manifesto for Cyborgs: Science, Technology, and Socialist Feminism in the 1980s." In *Feminism/Postmodernism,* herausgegeben von Linda J. Nicholson, 190–233. New York: Routledge.

Haraway, Donna J. 2003. *The Companion Species Manifesto: Dogs, People, and Significant Others.* Chicago: Prickly Paradigm Press.

Haraway, Donna J. 2008. *When Species Meet.* Minneapolis: University of Minnesota Press.

Hayles, N. Katherine. 1999. *How We Became Posthuman: Virtual Bodies in Cybernetics, Literature, and Informatics.* Chicago: University of Chicago Press.

Hebb, Donald Olding. 1949. *The Organization of Behaviour: A Neuropsychological Theory.* New York: John Wiley & Sons.

Heidegger, Martin. (1929) 1998. *Kant und das Problem der Metaphysik.* Frankfurt a. M.: Klostermann.

Heidegger, Martin. (1949) 2000. *Über den Humanismus*. Frankfurt a. M.: Suhrkamp.

Helmholtz, Hermann von. 1850a. „Messungen über den zeitlichen Verlauf der Zuckung animalischer Muskeln und die Fortpflanzungsgeschwindigkeit der Reizung in den Nerven." In *Archiv für Anatomie, Physiologie und wissenschaftliche Medicin* 17: 276–364, Letzter Zugriff am 09.01.2017. http://vlp.mpiwg-berlin.mpg.de/library/data/lit1862?.

Helmholtz, Hermann von. 1850b. „Vorläufiger Bericht über die Fortpflanzungs-Geschwindigkeit der Nervenreizung." In *Archiv für Anatomie, Physiologie und wissenschaftliche Medicin* 17: 71–73. Letzter Zugriff am 09.01.2017. http://echo.mpiwg-berlin.mpg.de/ECHOdocuView?url=/permanent/vlp/lit29168/index.meta.

Hird, Myra J. 2009. *The Origins of Sociable Life: Evolution After Science Studies.* Basingstoke: Palgrave Macmillan.

Inside Out. DVD. Regie von Pete Docter Gilliam und Terry Jones. Walt Disney Studios Home Entertainment, 2015.

Iveson, Richard. 2013. „Plasticity and the Living Dead: Malabou Reading Freud." *Zoogenesis* (Blog), 23.03.2013. Letzter Zugriff am 09.01.2017. https://zoogenesis.wordpress.com/2013/03/23/plasticity-and-the-living-dead-malabou-reading-freud/.

James, William. 1890. *The Principles of Psychology.* New York: Holt. Letzter Zugriff am 09.01.2017. www.bahaistudies.net/asma/principlesofpsychology.pdf.

Johnston, Adrian und Catherine Malabou. 2013. *Self and Emotional Life: Philosophy, Psychoanalysis, and Neuroscience.* New York: Columbia University Press.

Laclau, Ernesto. 1990. *New Reflections on the Revolution of Our Time.* London: Verso.

Laclau, Ernesto. 2005. *On Populist Reason.* London: Verso.

Lash, Scott. 2011. „Technik und Erfahrung: Vom Kantischen Subjekt zum Zeitsystem." In *Die technologische Bedingung: Beiträge zur Beschreibung der technischen Welt,* herausgegeben von Erich Hörl, 333–364. Berlin: Suhrkamp.

Latour, Bruno. 2007. *Eine neue Soziologie für eine neue Gesellschaft: Einführung in die Akteur-Netzwerk-Theorie.* Frankfurt a. M.: Suhrkamp.

Malabou, Catherine. (2004) 2006. *Was tun mit unserem Gehirn?* Zürich: Diaphanes.

Malabou, Catherine. 2012. *The New Wounded: From Neurosis to Brain Damage.* New York: Fordham University Press.

Manning, Erin. 2009. *Relationscapes: Movement, Art, Philosophy.* Cambridge, MA: MIT Press.

Manning, Erin und Brian Massumi. 2014. *Thought in the Act: Passages in the Ecology of Experience.* Minneapolis: University of Minnesota Press.

Marchart, Oliver. 2013. *Das unmögliche Objekt: Eine postfundamentalistische Theorie der Gesellschaft.* Frankfurt a. M.: Suhrkamp.

Massumi, Brian „The Autonomy of Affect." In *Deleuze: A Critical Reader,* herausgegeben von Paul Patton. Oxford: Blackwell, 1996, 217–239.

Massumi, Brian und Mary Zournazi. 2008. „Navigating Moments: Interview with Brian Massumi." *21C Magazine.* Letzter Zugriff am 09.01.2017. http://www.brianmassumi.com/interviews/NAVIGATING%20MOVEMENTS.pdf.

McCarthy, Tom. (2015) 2016. *Satin Island.* München: Deutsche Verlags-Anstalt.

Meillassoux, Quentin, Rick Dolphijn und Iris van der Tuin. 2012. „Interview with Quentin Meillassoux." In *New Materialism: Interviews & Cartographies,* herausgegeben von Rick Dolphijn und Iris van der Tuin, 71–84. Ann Arbor: Open Humanities Press.

Mouffe, Chantal. (2013) 2014. *Agonistik: Die Welt politisch denken.* Berlin: Suhrkamp.

„New Materialism: Networking European Scholarship on ‚How Matter Comes to Matter'." *COST – European Kooperation in Science and Technology.* Letzter Zugriff am 16.12.2016. http://newmaterialism.eu/.

Parisi, Luciana. 2014. „Digital Automation and Affect." In *Timing of Affect: Epistemologies, Aesthetics, Politics,* herausgegeben von Marie-Luise Angerer, Bernd Bösel und Michaela Ott, 161–177. Zürich: Diaphanes.

Parisi, Luciana. 2009. „Technoecologies of Sensation." In *Deleuze/Guattari & Ecology,* herausgegeben von Bernd Herzogenrath, 182–199. Basingstoke: Palgrave Macmillan.

Parisi, Luciana. 2004. *Abstract Sex: Philosophy, Biotechnology and the Mutations of Desire.* London: Continuum.

Parisi, Luciana und Erich Hörl. 2013. „Was heißt Medienästhetik? Ein Gespräch über algorithmische Ästhetik, automatisches Denken und die post-kybernetische Logik der Komputation." *Zeitschrift für Medienwissenschaft: Medienästhetik* 8: 35–51.

Picard, Rosalind. 2010. „Affective Computing: From laughter to IEEE." *IEEE Transactions on Affective Computing* 1: 11–17.

Picard, Rosalind. 1997. *Affective Computing.* Cambridge, MA: MIT Press.

Picard, Rosalind. 2015. „The Promise of Affective Computing." In *The Oxford Handbook of Affective Computing,* herausgegeben von Rafael A. Calvo, Sydney K. D'Mello, Jonathan Gratch und Arvid Kappas, 11–20. New York: Oxford University Press.

„Quorum sensing." *Wikipedia.* Zuletzt geändert am 11.08.2016. Letzter Zugriff am 09.01.2017. https://de.wikipedia.org/wiki/Quorum_sensing.

Rabinow, Paul. (1996) 2004. *Anthropologie der Vernunft: Studien zu Wissenschaft und Lebensführung.* Frankfurt a. M.: Suhrkamp.

Rabinow, Paul. 2008. *Marking Time: On the Anthropology of the Contemporary.* Princeton, NJ: Princeton University Press.

Rieger, Stefan. 2003. *Kybernetische Anthropologie: Eine Geschichte der Virtualität.* Frankfurt a. M.: Suhrkamp.

Rosa, Hartmut. 2016. *Resonanz: Eine Soziologie der Weltbeziehung.* Berlin: Suhrkamp.

Rose, Nikolas und Joelle M. Abi-Rached. 2013. *Neuro: The New Brain Sciences and the Management of the Mind.* Princeton, NJ: Princeton University Press.

Schalko, David. 2016. „Aufstand der beleidigten Massen." *Frankfurter Allgemeine Zeitung,* 26.06.2016. Letzer Zugriff am 09.01.2017. http://www.faz.net/aktuell/feuilleton/demonstration-der-identitae...-in-oesterreich-14298595.html?printPagedArticle=true#pageIndex_2.

Schmidgen, Henning. 2009. *Die Helmholtz-Kurven: Auf der Spur der verlorenen Zeit.* Berlin: Merve.

Shaviro, Steven 2012. *Without Criteria: Kant, Whitehead, Deleuze, and Aesthetics.* Cambridge, MA: MIT Press.

Simondon, Gilbert. (1958) 2012. *Die Existenzweise technischer Objekte.* Herausgegeben von Michael Cuntz. Zürich: Diaphanes.

Spiegel Online. 2013. „Software-Konzern SAP stellt Hunderte Autisten ein," 21.05.2013. Letzer Zugriff am 09.01.2017. http://www.spiegel.de/wirtschaft/unternehmen/sap-stellt-bis-2020-hunderte-autisten-ein-a-900882.html.

Stavrakakis, Yannis. 1998. „Laclau mit Lacan." In *Das Undarstellbare der Politik: Zur Hegemonietheorie Ernesto Laclaus,* herausgegeben von Oliver Marchart, 177–192. Wien: Turia + Kant.

Stengers, Isabelle. 2011. „Wondering about Materialism." In *The Speculative Turn: Continental Materialism and Realism,* herausgegeben von Levi Bryant, Nick Srnicek und Graham Harman, 368–380. Melbourne: re.press.

Tomkins, Silvan. (1962–1992) 2008. *Affect Imagery Consciousness.* Bde. 1–4. Herausgegeben von Bertram P. Karon. New York: Springer.

Uexküll, Jakob von. (1934) 1956. *Streifzüge durch die Umwelten von Tieren und Menschen: Ein Bilderbuch unsichtbarer Welten.* Hamburg: Rowohlt.

Vagt, Christina. 2016. „Organismus und Organisation: Physiologische Anfänge der Medienökologie." *Zeitschrift für Medienwissenschaft: Medienökologien,* 14: 19–32.

Waldenfels, Bernhard. 2002. *Bruchlinen der Erfahrung: Phänomenologie, Psychoanalyse, Phänomenotechnik.* Frankfurt a. M.: Suhrkamp.

Whitehead, Alfred North. (1929) 1987. *Prozeß und Realität: Entwurf einer Kosmologie.* Herausgegeben von Hans Günther Holl. Frankfurt a. M.: Suhrkamp.

Whitehead, Alfred North. (1938) 2001. *Denkweisen.* Herausgegeben von Stascha Rohmer. Frankfurt a. M.: Suhrkamp.

Wiener, Norbert. (1948) 1968. *Kybernetik: Regelung und Nachrichtenübertragung in Lebewesen und Maschine.* Reinbek bei Hamburg: Rowohlt.

Dank an

Bernd Bösel, Felicity Colman, Naomie Gramlich, Gerrit Jackson, Clemens Krümmel, Lukas Marxt, Birgit Schneider, Rolf Walz, den Kolleginnen und Kollegen der EMW, Universität Potsdam und Fachhochschule Potsdam, den Mitgliedern des DFG-Netzwerkes *Affective and Psychotechnology Studies* und Andreas Kirchner/meson press.